国家社会科学基金重点项目研究成果(13AGL007)

国家社科基金丛书
GUOJIA SHEKE JIJIN CONGSHU

土地财政区域差异的形成机理及分类治理

Formation Mechanism and Classification Governance
on Regional Disparities of China's Land Finance

邹秀清　著

人民出版社

责任编辑：陈寒节

封面设计：石笑梦

版式设计：胡欣欣

图书在版编目（CIP）数据

土地财政区域差异的形成机理及分类治理/邹秀清著．—北京：人民
  出版社，2021.11

ISBN 978-7-01-023676-6

Ⅰ.①土…　Ⅱ.①邹…　Ⅲ.①地方政府-土地制度-财政制度-研究-
中国　Ⅳ.①F321.1

中国版本图书馆 CIP 数据核字（2021）第 168474 号

土地财政区域差异的形成机理及分类治理

TUDI CAIZHENG QUYU CHAYI DE XINGCHENG JILI JI FENLEI ZHILI

邹秀清　著

人 民 出 版 社 出版发行

（100706　北京市东城区隆福寺街 99 号）

环球东方（北京）印务有限公司印刷　新华书店经销

2021 年 11 月第 1 版　2021 年 11 月北京第 1 次印刷

开本：710 毫米×1000 毫米 1/16　印张：11.75

字数：　千字

ISBN 978-7-01-023676-6　定价：50.00 元

邮购地址：100706　北京市东城区隆福寺街 99 号

人民东方图书销售中心　电话：(010)65250042　65289539

摘　　要

我国 20 世纪 90 年代以来出现的"土地财政"现象，是指地方政府的可支配财力高度倚重土地及相关产业租税费收入的一种财政模式。我国地方政府土地财政呈现出明显的区域差异特征，其越来越受到社会各界的广泛关注并成为讨论的焦点。

本研究以地方政府土地财政区域差异的来源及形成机理为主线，从理论上阐述地方政府土地财政区域差异的构成及分类治理逻辑；对土地财政区域差异进行定量测度并深入分析其形成机理，探讨土地财政区域时空分异及空间聚类特征，提出分类治理土地财政的具体对策。理论上，本研究综合运用财政学、公共政策学、土地经济学、空间经济学等理论和多种实证工具，系统分析中国地方政府土地财政区域差异问题，试图准确揭示省级及市县级地方政府土地财政区域差异的形成机理；实践上，提出解决土地财政深层次症结的区域差异化制度安排，对破解土地财政难题、促进土地财政模式转型、防止城市过度蔓延、促进产业结构合理发展等问题具有重要的参考价值。

除绪论和结语之外，本研究由六部分构成。第一部分，从土地税费收入、土地出让金等土地财政收入的构成出发，探寻地方政府土地财政的区域差异特征；土地财政分类治理是土地财政区域差异的直接需求，是应对多维现实问题的客观要求，是实现政府多项目标的重要举措。第二部分，选择人均土地出让金作为土地财政收入的测度指标，综合运用极变异系数、基尼系数、泰尔指数、对数变异系数均值和艾肯森指数等指标，定量测度地方政府土地财政区域差异；采用基尼系数分解法系统分析土地财政区域总体差异、区域内差异及区域间差异，运用 Kernel 核密度估计方法和 Markov 链方法研究土地财政动态演进过程。第三部分，理论分析地方政府土地财政区域差异的形成机理，实证研究不同区域间土地财政收入与其影响因素间的作用关系；采用 Shapley 值分解方法，厘清不同区域土地财政收入的主导影响因素；探索土地财政与城市化、产业结构等因素之间的互动关系，以及因区域相邻关系而产生的土地财政策略互动及空间竞争效应。第四部分，采用自然正交函数，揭示土地财政的空间差异及时间演变特征；应用 Moran's I 指数和空间聚类方法探索土地财政空间分布规律，发现我国土地财政呈现"土地财政发达区""土地财政发展区""土地财政欠发达区""土地财政落后区"等四个特征区域。第五部分，选取省级案例地江西省及市级案例地上饶市，对土地财政区域差异的基本特征、影响因素及形成机理等问题开展案例分析。第六部分，提出系统构建分类治理土地财政的区域差异化制度体系和管控对策。我国土地财政问题的治理要结合特定区域的现实背景及规划要求，针对土地财政的区域分异特征，分城施策、分类治理，多策并举及综合考虑化解对策。

关键词：土地财政；区域差异；形成机理；分类治理

目　　录

绪　　论

一、 研究背景及意义

（一）研究背景

"土地财政"是指地方政府的可支配财力高度倚重土地及相关产业租税费收入的一种财政模式（陈志勇，2010）。20 世纪 90 年代以来，伴随着土地使用权和住房产权制度的变迁，地方政府的相关土地收益也从分税制改革之初不起眼的小角色，发展成为一些地方政府用来缓解财政收入不足和筹集城市建设资金的重要手段。面对着客观存在的土地财政模式以及诸如"以地生财""第二财政""掠夺之手""土地盛宴"等舆论批评意见，学界所持的态度莫衷一是。有学者从土地的经济增长功能和资源配置功能入手，认为土地财政能够有效缩小地方人均真实财力缺口（卢洪友等，2011），增加经济性公共品（如道路、电力、能源、通信等基础设施）供给，促进土地资源的资本化和区域经济增长（张平等，2011）。相反，也有学者关注到地方政府对于土地财政的畸形依赖会导致"地王"频现、房价高企、土地违法、被征地农民权益受损、公共服务投入相对减少（左翔等，2013）、地方政府粗犷式"竞次"竞争（陶然，2007）等一系列社会弊端。

学界对于土地财政的认知和理解缘何会产生明显的差异呢？对此目前还无法给出一个完整的答案，但是土地财政呈现出空间区域差异和时间动态演进的特征理应被包含在答案之中。刘佳等（2012）在分析土地财政的动因及其引发根源时，注意到各地市土地出让金规模明显受到区位因素的影响，北京、上海等发达地区的土地出让金规模大幅高于其他地区，其实证结论也表明西部地区官员在面对晋升竞争时，比东部地区官员更有土地出让的积极性。范剑勇等（2014）在论述地方债务与土地财政关系的过程中，也指出在不同经济发展条件和要素禀赋的地区，相同的土地出让策略会带来不同的实施风险，禀赋较好的地区会面临商住用地资源紧缺、房价快速上涨等民生问题，禀赋较差的地区则会因土地出让收入不足面临债务难以偿还的风险。

在上述背景下，本研究认为，政府在构建土地财政的管控体系时，应该充分考虑地方政府土地财政的区域差异问题。本书以系统探寻地方政府土地财政区域差异成因及表现为逻辑起点，结合区域的现实背景及规划要求，针对土地财政的区域分异特征，系统提出构建分类治理我国土地财政的若干措施建议。

（二）研究意义

该课题的研究，具有重要的理论价值与现实意义。

理论上，本研究综合运用财政学、公共政策学、土地经济学、空间经济学等理论和多种实证工具，系统分析中国地方政府土地财政区域差异问题，试图准确揭示省级及市县级地方政府土地财政区域差异的形成机理。

实践与现实意义主要体现在：第一，正确认识土地财政存在的阶段性规律及演变趋势，提出解决土地财政深层次症结的区域差异化制度安排，对破解土地财政难题，减轻地方政府对土地财政的过度依赖，促进土地财政模式转型，实现土地财政的可持续发展有重大意义。第二，本研究对土地财政与其影响因素的关系进行深入研究，认识到土地财政与经济发展、城市化、产业结构等之间存在互动影响，且在不同区域其作用关系存在很大不同；在不同区域，土地出让的方式、价格、收益对不同土地出让市场的影响也存在差异，这些结论对地方政府制定合理的土地出让政策，选择适合自己的城市化道路、防止城市过度蔓延，促进产业结构合理发展有重要参考价值。

二、　文献综述

由于西方发达国家土地所有制度和行政、经济体制的不同，对财产税开征较早，地方政府财政有较为稳定的税源，因此发达国家没有出现地方财政对土地出让的强烈路径依赖现象，地方政府也没有表现出特殊的土地财政行为。国外文献中，土地财政的提法很少，与土地财政类似的概念有"土地财政化利用"（Fiscal Land Use）和"土地价值捕捉"（land value capture 或 value capture）。前者主要用来描述地方政府出于增加地方财政收入的目的进行土地开发事务，并且研究大多集中于地方政府的财产税和公共品提供等相关问题；后者主要指通过征收税、费等手段或其他财政手段实现土地价值增值，并转化为公共财政收入或用于公共利益支出，其特点是将土地的收入与支出一并考虑。

国外关于土地价值利用、土地价值捕捉的研究成果非常丰富：第一，关于税、费的土地价值研究。布吕克纳（Jan K. Brueckner，1986）研究了财产税和城市扩张的关系，发现对建筑物征税会使土地开发强度下降、城市空间扩张，最终导致社会福利的流失。本森（Benson，2004）、库尔森（Coulson，2010）、伯德和斯莱克（Bird & Slack，2002）等通过对多个国家研究发现，土地税收是财政收入的主要来源，在基础设施建设方面发挥了重要作用。费舍尔（Fisher，2000）以美国的社会结构和政治结构作为研究背景，阐述了政府、联邦、州政府以及地方政府各自的职责，并且分析了各级政府的财政支出责任、财政支出结构以及税收结构。第二，关于土地开发价值的研究。布朗（M. Brown-Luthango，2011）研究了南非土地价值对地方基础设施建设的作用。保尔森（K. Paulsen，2014）研究了土地开发对财政收入和支出的影响，指出土地开发前应预期、评估其对地方财政的影响。马瑟和史密斯

（S. Mathur & A. Smith，2013）考察了联合开发项目为公共交通设施融资创收的能力。

20世纪90年代以来，国内外学者对我国土地财政现象表现出高度关注，围绕土地财政的内涵、成因、影响及治理进行了一系列的深入研究和探讨。Q. Wu & L. Yongle（2015）认为财政分权及地方政府间经济竞争是土地财政产生的主要原因，并进行了实证检验。Z. Y. Fang & W. Wen（2013）利用1999—2009年我国省级面板数据，分析了土地财政的影响因素。谢安忆（2011）、辛波和吴红（2012）、赵燕菁（2014）分析了土地财政在促进经济发展、增加地方收入、加快基础设施建设等方面发挥的正面影响。李洋宇（2013）、唐在富（2012）等学者对土地财政的负面效应进行了分析，H. Zheng et al.（2014）认为我国的土地财政已经失控，危及环境及社会经济的可持续发展。还有很多学者论述了土地财政与房地产、城市扩张的关系（赵可等，2015；高然和龚六堂，2017）。随着我国统计数据的完善，对土地财政的实证研究逐渐增多，研究内容从定义、形成原因、正负效应等拓展到土地财政的可持续性方面。

已有研究表明，我国地方政府土地财政呈现出明显的区域差异特征，其越来越受到社会各界的广泛关注并成为讨论的焦点，具体可概括为以下几个方面：

（一）对土地财政区域差异的形成、特征及分类的研究

研究发现，不同区域土地财政规模及构成都存在较大差异，主要表现在地方财政缺口、腐败程度、区域竞争和土地融资等方面（黄赜琳，2013）。经济社会发展与土地财政总规模呈现出趋同的地域规律，经济越不发达地区土地出让金占土地财政规模比重越大，城市化发展较快和城市化刚起步地区对土地财政依赖水平较低（丘海雄等，2012）。Lin Ye（2014）采用286个城市的面板数据，发现经济越发达的城市越靠房地产投资推动土地城镇化。

王玉波（2015）将全国除港澳台之外的 31 个省区市划分为 4 类区域，分析土地财政与城镇化关系存在时空差异的原因，并针对不同区域提出优化土地财政与城镇化关系的调控政策。牛星和吴冠岑（2012）对省级层面的土地出让金占财政收入的比重进行了详细分析，并按比值分为高中低三个层次，得出全国各地土地财政大多处于中等程度。也有学者根据经济发展水平和地理位置将全国 31 个省级行政区分为东部发达、中部欠发达和西部不发达地区，发现三类地区的土地财政规模及其增长趋势存在差异（杨圆圆，2010）。吴非（2016）的研究得出，东西部地区土地财政依赖有着合理的轨迹，而中部地区的依赖却没有展现出下降的趋势，因此中央应根据区域经济发展的不同，规范地方政府的土地财政依赖行为。蔡潇等（2016）从经济发展的角度将全国 30 个省份划分为三大类型区，定量分析了不同区域土地财政收入随经济发展的演变趋势。

（二）对土地财政区域差异研究方法的探索

随着对土地财政存在区域差异现象研究的深入，学界对研究方法的探讨也不断创新。丘海雄等（2012）以土地开发过程及收益的 13 个指标作为土地财政区域分类的依据，进行省级聚类分析并比较不同类型的差异。黄赜琳（2013）通过对土地财政收入增长和差异的动态原因进行实证研究，分析影响区域特征差异的主要因素，得出不同发展水平的地区土地财政存在明显的差异，因此政府应根据不同地区的发展特点实施不同的调控政策。李勇刚等（2013）构建包括晋升激励、土地财政以及经济增长在内的联立方程模型综合考察三者之间的内在联系。汤旖璆（2017）使用聚类分析法、主成分分析法以及 GMM 分析方法，分析土地财政对不同区域集群的地方财政收支差距的影响并进行政策评价，研究发现，从整体上看我国不同区域的土地财政发展状况大致可分为四个阶段，对处于不同土地财政发展阶段的区域而言，土地财政对地方财政收支差距有不同的影响。

（三）对土地财政区域差异研究角度的探讨

土地财政区域差异问题受到越来越多的专家学者所关注，研究视角不断拓深。郭然和陈思佳（2017）从农村建设用地入市影响土地财政区域效应的角度，利用农村建设用地、土地财政区域模式结构、土地财政等多方面数据展开实证研究。王玉波（2015）从土地财政是地方政府利用未来若干年收益融资本质出发，阐述土地财政替代融资机制含义，提出发行地方基础设施债券并鼓励民间资本参与融资、发展高端服务业与战略新兴产业以增加税源。有学者研究了土地财政对经济增长贡献的地区差异，郦水清等（2014）研究得出地区内差异和地区间差异长期保持着"此消彼长"的互补关系。也有学者对土地财政与城市经济发展的关系进行探讨，得出不同经济发展水平地区的土地财政收入确实存在差异（李郁和洪国志，2013）。

通过梳理文献发现，对土地财政区域差异及分类的探索已有初步成果。但既有研究在土地财政区域差异的定量测度、形成机理等方面尚缺乏深入且系统的分析，如土地财政区域差异的主要影响因素有哪些，这些影响因素的作用关系如何；在具体政策的制定与执行过程中，应该如何认识土地财政存在显著区域差异这一事实，是一味人为缩小区域差异，还是认识到存在一定区域差异符合客观规律而允许一定程度的区域差异等问题，目前尚缺乏足够的科学验证，对区域差异化的土地财政也没有提出分类治理对策。

本研究以地方政府土地财政区域差异的来源及形成机理为主线，阐述地方政府土地财政区域差异的构成及分类治理逻辑；对土地财政区域差异进行定量测度，深入分析其形成机理，提出分类治理土地财政的区域差异化制度安排。

三、研究思路、研究方法与主要内容

（一）研究思路

本书主要内容由理论阐述、实证分析与政策设计三部分构成。以地方政府土地财政区域差异的来源及形成机理为主线，从理论上阐述土地财政区域差异的构成及分类治理逻辑；对土地财政区域差异进行定量测度，实证研究其发展态势及形成机理，探讨土地财政区域时空分异及空间聚类特征，提出分类治理土地财政的具体对策。通过系统梳理既有文献，结合实地调研及统计数据，运用计量经济学及统计方法进行数据处理及实证分析，检验理论研究假设并选择个案具体分析，为政策设计提供客观依据。本研究技术路线如图0-1。

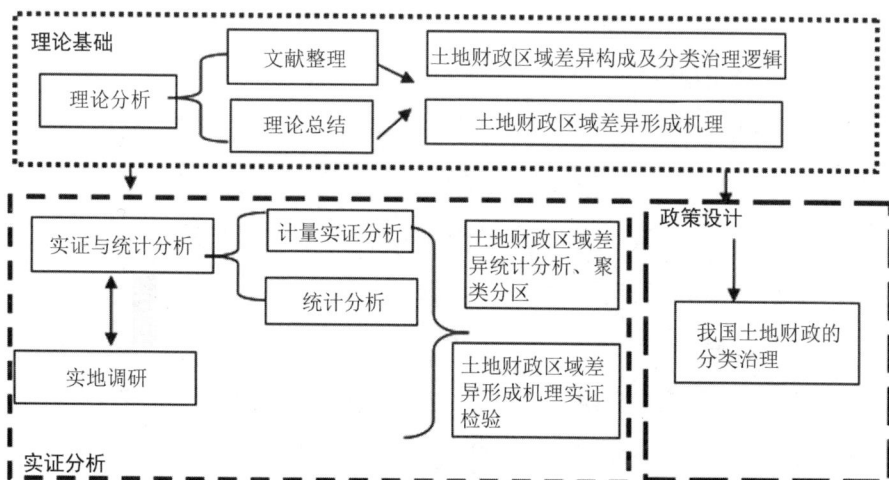

图0-1　研究技术路线

（二）研究方法

1. 文献检索归纳

对国内外土地财政、土地制度、区域差异等文献进行检索，掌握理论研究现状及前沿，对与本书相关的文献进行筛选、梳理、归纳和总结，寻找可资参考的资源，为后续研究奠定理论及实证基础。

2. 计量实证分析

在理论分析的基础上，构建评价土地财政区域差异的测度指标，借助经验数据进行统计分析，以准确揭示土地财政的区域差异。运用基尼系数分解法对土地财政进行地区分解，采用高斯核函数、Markov 链方法分析土地财政的形态、延展性及动态变化过程；应用回归分析法及 Shapley 值分解法分析土地财政区域差异形成的影响因素及其贡献大小，使用 PVAR 模型分析土地财政与其影响因素的互动关系，运用动态空间面板模型分析土地财政空间竞争效应；应用自然正交函数（EOF）分析土地财政空间分异特征及其时间变化规律，采用 Moran's I 指数验证土地财政空间相关性，并使用空间聚类法对全国 287 个地级市进行聚类分区。

3. 多学科交融分析

地方政府土地财政的治理是一个系统工程，需采用多学科理论、方法进行交融分析。本书综合运用财政学、公共政策学、土地经济学、空间经济学等多学科理论和方法，系统分析中国地方政府土地财政区域差异问题，试图准确揭示省级及市县级地方政府土地财政区域差异的形成机理。

4. 实地调研

对江西省进行实地调研，以上饶市为市级层面案例地，分析省内各地级市及市内各县级地方政府间的土地财政区域差异特点、成因及效应，并进行对比分析。

（三）主要内容

研究成果的主要内容包括：

1. 绪论

介绍本研究的理论与现实意义、文献综述及研究思路、研究方法和研究内容。

2. 土地财政区域差异与分类治理的理论阐述

从土地税费收入、土地出让金等土地财政收入的构成出发，探寻地方政府土地财政的区域差异特征。结合社会经济发展的现实要求，从理论上阐述土地财政分类治理的逻辑，为后续研究的展开奠定必要的理论和实证基础。

3. 土地财政区域差异定量测度、来源分解和动态演进

选择人均土地出让金作为土地财政收入的测度指标，综合运用极变异系数、基尼系数、泰尔指数、对数变异系数均值和艾肯森指数等指标，定量测度地方政府土地财政区域差异。采用基尼系数分解法系统分析土地财政区域总体差异、区域内差异及区域间差异，运用 Kernel 核密度估计方法和 Markov 链方法研究土地财政动态演进过程。

4. 地方政府土地财政区域差异的形成机理

理论分析地方政府土地财政区域差异的形成机理，实证研究不同区域间土地财政收入与其影响因素间的作用关系；采用 Shapley 值分解方法，厘清不同区域土地财政收入的主导影响因素。探索土地财政与城市化、产业结构等因素之间的互动关系，以及因区域相邻关系而产生的土地财政策略互动及空间竞争效应。

5. 地方政府土地财政区域时空分异及聚类分区

采用自然正交函数（EOF），揭示土地财政的空间差异及时间演变特征。应用 Moran's I 指数和空间聚类方法探索土地财政空间分布规律，发现我国土地财政呈现"土地财政发达区""土地财政发展区""土地财政欠发达区""土地财政落后区"等四个特征区域。

6. 地方政府土地财政区域差异的选案分析

以江西省为例，分析同一省内各地级市间土地财政区域差异特点、成因及效应；然后以江西省上饶市为例，研究同一地市内各县级地方政府土地财政的区域差异，以从中观层面拓展对土地财政区域差异形成机理的具体认识。

7. 地方政府土地财政分类治理的政策选择

提出土地财政分类治理应遵循因地制宜、代际公平、区际公平、兼顾效率的原则，从分类优化央地财权事权分配、分类协调纵横财政转移支付、分类拓展地方多元税收渠道、分类管控区域用地供应结构和分类统筹生态功能

差异用地等五个方面提出若干措施建议。

8. 结语

总结课题的相关研究结论，指出研究不足，并提出需要进一步深入研究的问题。

第一章 土地财政区域差异与
分类治理的理论阐述

在剖析土地财政构成及结构特征的基础上，本章理论探讨地方政府土地财政区域差异的形成；结合社会经济发展的现实要求，阐述土地财政分类治理的逻辑。

第一节 土地财政的理论构成

目前，学界对土地财政这一概念具有多种理解。唐在富（2008）提出，土地财政是指政府通过租、税、费三种方式组织的，直接或间接来自土地的收入，主要包括：与土地相关的税收、收费，土地出让金，土地储备抵押融资，其中土地出让金收入是土地财政的主体。李尚蒲和罗必良（2010）将土地财政划分成两类：土地相关的税收收入和土地非税收收入。贾康和刘微（2012）认为，广义的土地收入应由国有土地使用权出让环节的收入加上土地使用权交易、保有环节的所有税费组成。骆祖春（2012）认为土地财政可以区分小、中、大三种统计口径。顾纯俊（2012）将"土地财政"分成狭义和广义两个层面，狭义的土地财政指地方政府通过出让土地使用权获得的土地出让金收入；广义的土地财政指在土地出让金收入的基础上，加上与土地相关的建筑业、房地产业税收以及相关行政事业性收费。王玉波和唐莹（2013）认为土地财政收入主要包括土地出让金、建筑/房地产业发展产生的税费收入、土地抵押借债融资获得的财政收入。程瑶（2013）认为"土地财政"包括政府通过土地使用权出让、土地税收、土地融资等方式获得的收益。

从已有文献来看，学界对土地财政的构成并没有形成统一认识。鉴于土地抵押融资收入的隐性特征和土地行政收费数据难以获得，本章仅从土地出让金和相关税收收入这两部分探讨土地财政的结构特征及区域差异。

第二节　土地财政的结构特征

一、　土地出让金是土地财政收入的主要来源

根据《中华人民共和国城镇国有土地使用权出让和转让暂行条例》的规定，土地出让金是指，县级以上人民政府代表国家以土地所有者身份将一定年限内的土地使用权让与土地使用者，并按照规定标准收取的一次性缴纳金额。"分税制改革"以后，地方政府面临着事权下移、财权上移的困境，在土地出让过程中以自身财政收入最大化为主要目标，土地出让金成为地方政府土地财政的主体（蒋震等，2011；王克强等，2012）。

通过对全国土地财政有关数据的统计分析发现（表1-1），2005—2015年间，土地出让金占地方本级财政收入比例总体上呈波动上升趋势，尤其是2010年土地出让金收入达到27466亿元，占地方本级财政收入比例达到期间最高67.63%。可见，土地出让金收入数额巨大，且在地方本级财政收入中占有重要地位。

表1-1 2005—2015年全国土地出让金及地方财政收入

年份	土地出让金收入（亿元）	财政收入（亿元）	土地出让金收入占财政收入比例（%）	地方本级财政收入（亿元）	土地出让金收入占地方本级财政收入比例（%）
2005	5884	31649	18.59	15101	38.96
2006	8078	38760	20.84	18304	44.13
2007	12217	51321	23.80	23573	51.83
2008	10260	61330	16.74	28650	35.81
2009	17180	68518	25.08	32603	52.69
2010	27466	83101	33.05	40613	67.63
2011	32126	103874	30.98	52547	61.14
2012	28042	117253	23.93	61078	45.91
2013	43745	129209	33.88	69011	63.39
2014	34377	140350	24.49	75877	45.31
2015	33658	152269	22.10	83002	40.55

数据来源：2006—2016年《中国国土资源统计年鉴》《中国城市统计年鉴》。

二、 土地税收收入是土地财政收入的重要组成部分

土地相关税收收入包括城市维护建设税、房产税、城镇土地使用税、土地增值税、耕地占用税、契税、房地产与建筑业的营业税和房地产企业所得税等（樊继达，2011；王克强等，2012）。考虑数据的可获取性，本章分析采用的土地税收仅包括城市维护建设税、房产税、城镇土地使用税、土地增值税、耕地占用税和契税这6类。表1-2显示，2005—2015年，地方本级财政中土地各项税收收入一直保持稳定增长，其中土地增值税、契税的份额及增速较为显著。

表 1-2 2005—2015 年地方政府 6 类土地税收收入 　　　　单位：万元

年份	城市维护建设税	房产税	城镇土地使用税	土地增值税	耕地占用税	契税
2005	791	436	137	140	142	735
2006	933	515	177	231	171	868
2007	1149	575	385	403	185	1206
2008	1136	680	817	537	314	1308
2009	1420	804	921	720	633	1735
2010	1736	894	1004	1278	889	2465
2011	2610	1102	1222	2063	1075	2766
2012	2935	1372	1542	2719	1621	2874
2013	3244	1582	1719	3293	1808	3844
2014	3462	1852	1993	3915	2059	4001
2015	3707	2051	2142	3832	2097	3899

数据来源：中国国家统计局网站 http://data.stats.gov.cn/index.htm。

分税制改革后，土地税收成为地方政府财政收入的重要组成部分。从表 1-3 可以看出，6 类土地税收之和占地方财政收入的比重逐年递增，从 2005 年的 15.77% 上升到 2015 年的 21.36%；其与土地出让金的比值呈波动态势，在研究期内 2010 年最低（30.1%），2015 年最高（52.67%）。

表 1-3 2005—2015 年地方本级土地总税收占比情况

年份	地方本级土地总税收（亿元）	地方财政本级收入（亿元）	地方本级土地总税收占财政收入的比例（%）	全国土地出让金收入（亿元）	地方本级土地总税收与土地出让金的比值（%）
2005	2382	15101	15.77	5884	40.48
2006	2895	18304	15.82	8078	35.84
2007	3904	23573	16.56	12217	31.96
2008	4792	28650	16.73	10260	46.71

年份	地方本级 土地总税收 （亿元）	地方财政 本级收入 （亿元）	地方本级土地 总税收占财政 收入的比例（%）	全国土地出让金 收入（亿元）	地方本级土地 总税收与土地 出让金的比值（%）
2009	6233	32603	19.12	17180	36.28
2010	8266	40613	20.35	27466	30.10
2011	10838	52547	20.63	32126	33.74
2012	13062	61078	21.39	28042	46.58
2013	15490	69011	22.45	43745	35.41
2014	17281	75877	22.78	34377	50.27
2015	17728	83002	21.36	33658	52.67

数据来源：中国国家统计局网站 http://data.stats.gov.cn/index.htm。

第三节　土地财政的区域差异

课题组从土地出让金和税收收入的区域差异出发，理论分析地方政府土地财政区域差异的形成。

一、土地出让金差异

土地出让金是土地财政的重要组成部分。各省（自治区、直辖市）土地出让金对于地方财政总收入的贡献率存在较大差异。表1-4列出了2013年土地出让金最高的三个地区与土地出让金最低的三个地区土地出让的相关数据。从中可以看出，土地出让金收入最高的北京、上海、广东，均为我国经济发达地区，而出让金收入最低的青海、宁夏、新疆均为西部经济落后地区。通过对比发现，出让金不仅与出让面积有关，更与出让价格及出让方式（协议和招拍挂）有关。

表1-4　2013年部分地区土地出让金对比

地区	协议面积 （公顷）	协议成交价款 （万元）	招拍挂面积 （公顷）	招拍挂成交价款 （万元）	土地出让金 （万元）
北京	655.52	891294.3	1270.91	16929669.9	17820964.2
上海	102.51	182957.56	1234.98	10722237	10905194.56
广东	2082.72	3081260.2	12341.42	29463787.97	32545048.17
青海	483.94	82150.48	1045.93	616833.69	698984.17
宁夏	203.72	36752.76	5275.31	1715862.59	1752615.35
新疆	774.56	189955.68	14608.94	3056833.53	3246789.21

数据来源：2014年《中国国土资源统计年鉴》。

（一）土地价格

土地价格具有垄断性、区域性及增值性等特征，形成于土地交易过程中，不同交易场合会表现出不同价格形式（邬丽萍，2007）。土地价格形成离不开土地的需求与供给。土地需求本质上属于派生需求，对某种用途土地的需求取决于其提供的产品或服务所能获得的净收益。同时土地又是一种资产，正常情况下具有保值增值的特性。相对于需求，土地总供给与经济因素无关，具有刚性，决定了土地总量短期内供给无弹性，也决定了土地价格具有随需求的增加而不断上升的趋势。

土地价格是在土地市场上所有者之间、使用者之间、投资者之间的竞争过程中形成，土地将被最高出价者获得。所有影响土地需求与供给的因素均会影响土地价格，包括人口数量、国民收入、投资渠道、产业发展状况及外部环境等。譬如，外部环境好，地价就高，反之则低。对基础设施等外部环境投资将使得地价上涨，外部性还导致聚集经济，使该地区地价上涨。目前，我国地价水平呈现东高西低、南高北低的整体变化趋势。不同级别的城市，其地价水平有所差异；同一级别的城市，由于城市类型、地理及经济区位的不同，导致其平均地价水平不同（唐森，2006）。一般而言，地理位置优越，基础设施完善，投资者众多，地价就高，反之则低。

（二）土地出让方式

土地使用权出让包括招标、拍卖、挂牌和协议出让等不同方式，住宅用地和商业服务业用地以"招、拍、挂"的方式出让，即"价高者得"，工矿仓储用地通常以协议方式出让。我国幅员辽阔，各地区经济发展水平极其不平衡，因此土地出让的动机和方式存在着明显的区域差异。采用《中国国土资源统计年鉴》中公布的105个重点城市2008—2011年四年的数据进行分析，王岳龙和邹秀清（2016）发现，东中西部地区的工业用地价格都集中在300—500元/平方公里这个区间，区域间差异很小，而且随着时间的推移，价格也没有发生明显变化。与之形成鲜明对比的是，居住用地价格却呈现出非常明显的地区差异，东中西部地区的居住用地均价分别为4100、1356和2351元/平方公里，价格平均增长率为8.36%、8.18%和11.52%①。地方政府是以高价的居住用地为主，获取高额土地出让金以弥补城市基础设施建设投入不足，还是以低廉的工业用地为主，通过低地价成功实现招商引资以刺激本地经济发展，中间存在着一个权衡取舍。

土地供应结构变化对应着地方经济的两种发展模式：如果地方的居住用地与工业用地价格剪刀差越大，地方政府招拍挂出让居住用地的收益也越大，这时居住用地比重越高，相应得到的土地出让金和各种房地产相关税费也越多，说明地方政府在土地出让中更看重的是土地出让金，此时呈现出"以地生财"的土地财政模式；反之，如果工业用地比重高，相应的GDP和工业增加值也越大，说明地方政府在土地出让时更看重的是经济发展，此时呈现出"招商引资"的土地引资模式（王岳龙和邹秀清，2016）。

基于105个重点城市2008—2011年的面板数据，王岳龙和邹秀清

---

① 西部地区的居住用地均价高于中部地区，主要是因为西部地区抽样的17个城市中，非省会城市只有4个。

（2016）实证分析结果表明：对东部地区而言，由于土地价格水平高，单位面积获得的土地出让金高；再加上当地房地产市场的超前发展，城市化的日益加深造成对商住用地的超前和过度开发需求，导致该地区土地出让更多的是为了获得土地出让金。对中西部地区而言，由于土地价格水平较低，单位面积出让获得的土地财政收入相对较少，这就使得西部地区参与土地财政的激励远小于东部地区；同时该地区工业化水平较为落后，发展经济面临巨大资金缺口，因而该地区土地出让更可能倾向于吸引更多外来资本，以达到招商引资的目的。

二、 税收收入差异

出于对土地相关税收的追求，地方政府大力发展建筑业和房地产业（陶然等，2007）。中国土地政策改革课题组调查研究结果显示：城市扩张引致的房地产业和建筑业的发展，近年来已成为地方税收收入的支柱（骆祖春，2012）。

经济发达地区工业、建筑业、房地产业发展迅速，带动城市维护建设税、土地使用税、房地产税等地方税的增加（李郁等，2013）。经济落后地区由于工业落后、居民收入较低，地方政府要依靠与土地相关的税收增加地方财政收入会有很大困难，只能依靠上各种大项目的"铺摊子"方法，通过扩大建设规模来实现税收增长。建筑业、房地产业等行业的发展存在明显区域差异，故这种税收性土地财政贡献度也表现出区域差异。

第四节 土地财政的分类治理

土地财政的分类治理是基于我国地方政府土地财政区域差异的现状，应对我国复杂社会经济及自然资源差异的政策选择，既包括制度层面的权责分配，也包括经济层面的税收体系构建和空间层面的用地结构优化。土地财政的分类治理旨在通过系统性思维，综合考虑我国地方政府土地财政问题的不同要求，具体而言，包括以下三个方面的逻辑。

一、　土地财政分类治理是土地财政区域差异的直接需求

应该认识到，土地财政现象并非都是由地方政府的非理性冲动所致。土地财政的产生在时间尺度上与我国的城镇化进程密切相关，在一定程度上为我国早期的城镇化迅猛发展提供了最初的原始积累，然而，随着人口增长、经济发展，原有的土地财政依赖模式下带来的社会经济问题开始凸显。因此，土地财政问题是我国社会经济发展过程中的产物，其治理和应对也不能脱离一定的社会经济发展阶段。

由于我国具有极为显著的区域差异性，宏观上表现为东、中、西部及东北地区等具有差异性的阶梯发展特征，中观上不仅表现在经济发展水平、城乡二元结构、城市化水平、对外开放程度等经济因素，也表现在区位条件、人口密度等自然本底因素方面，还表现在公共服务水平、就业水平等社会因素方面，诸多差异性特征决定了土地财政问题的治理同样需要在空间上予以差异化对待。

因此，土地财政分类治理是扎根于我国特有的国民经济发展阶段的切实需要，符合我国空间差异的基本特征。

二、　土地财政分类治理是应对多维现实问题的客观要求

土地财政是一个根植于我国特殊国情下的产物，在现有的制度体系下，土地财政推进了城市化过程、增强了地方政府财政调控的能力、缓解了地方财政的困难（薛翠翠等，2013）。但地方政府对土地财政的路径依赖及土地财政带来的负面效应也产生了诸多诟病。

第一，土地财政导致土地资源不集约利用，2015年国家土地督察公告指出，一些地方土地粗放浪费现象严重，批而未供和闲置土地问题突出，2010

年至 2014 年 9 月，全国批而未供土地 1300.99 万亩，闲置土地 105.27 万亩①。研究表明，土地财政的强力驱动是催生土地资源闲置、土地利用结构不合理的重要原因（龙开胜等，2014）。土地出让不仅带来直接的土地出让收入，还带来企业经营活动产生的税收，由此带来地方财政收入增加，刺激了地方政府囤地的动机，多征地、多占地，并将大量土地提前纳入储备计划，这在我国近年来出现的"开发区热"上表现得尤为突出（李尚蒲和罗必良，2010）。

第二，土地财政刺激地区资源使用方式不当，集中表现在对耕地资源及生态资源的破坏及开发上。耕地保护区、生态资源保护区在一定程度上限制了地方政府的开发利用行为，阻碍了财政收入的积累（曹瑞芬和张安录，2015），在巨大的利益差距下，占用耕地、砍伐森林、挤占水域等问题越来越突出，从长远来看，对国家粮食安全、生态安全等均提出了严峻的挑战。

第三，土地财政刺激地区产业结构不均衡发展。从经济发展的长期收敛过程来看，土地财政模式即使能提高短期的经济增长速度与城市化进程，却忽视了实现第二、三产业的均衡发展和资源有效配置，不利于长期经济增长（邹薇和刘红艺，2015）。

第四，土地财政衍生出的高房价问题，会加剧地区经济社会的不稳定。一方面，拉大了城乡差距。由于房产兼具居住和投资双重属性，在城乡发展差异背景下，土地财政衍生出的房地产投资成为形成收入差距的重要因素之一。有研究表明，居民的房产财富带来了较显著的收入差距，城乡人均房产财富差距为 6.9∶1，而城乡人均收入差距为 3.1∶1（汪利娜，2015）。另一方面，城市地区的高房价问题导致社会问题突出，年轻群体购房压力大、农民工群体难以定居等问题凸显，长期来看会影响城市的可持续发展能力。因此，现实多维问题的有效化解要求土地财政分类治理。

---

① 资料来源：http：//www.gov.cn/xinwen/2015-04/28/content_ 2854029.htm。

三、土地财政分类治理是实现政府多项目标的重要举措

我国现阶段正处于经济社会发展的改革期，在城镇化水平步入新阶段的战略背景下，政府需要对土地财政问题进行更为细致和科学的区分，实现"房子是用来住的"的目标，做到因城施策、因地制宜，保障土地利用与整体的经济社会发展相协调。

生态文明建设的刚性要求。生态文明建设一直受到党和政府的高度关注，党的十七大提出坚持生产发展、生活富裕、生态良好的文明发展道路，党的十八大明确提出大力推进生态文明建设、扭转生态环境恶化趋势，党的十九大提出加快生态文明体制改革、建设美丽中国。生态文明建设的核心在于社会—经济—自然复合生态系统中各子系统的和谐共生。土地财政分类调控的主旨思想符合生态文明建设的要求，是从土地资源利用视角构建"山水林田湖"生命共同体的有效举措。

新型城镇化分类指导的战略要求。国家新型城镇化规划（2014—2020年）提出把生态文明理念全面融入城镇化进程，对全面建成小康社会、加快推进社会主义现代化具有重大现实意义和深远历史意义。同时，规划明确指出需要"统筹规划，分类指导"的指导思想，中央政府统筹总体规划、战略布局和制度安排，加强分类指导，地方政府因地制宜、循序渐进抓好贯彻落实。

土地资源节约集约利用的现实要求。土地资源集约节约利用是各级政府追求的目标，在实践层面也出现了先进经验，如上海市提出的"总量锁定、增量递减、存量优化、流量增效、质量提高"的土地管理思路。我国各个地区存在较大的差异性特征，发展阶段不同对土地资源利用方式提出了更多的要求，土地财政分类调控能够提高土地资源利用效率，对提高土地节约集约利用水平、优化土地利用结构、完善城市功能具有重要促进作用。

第二章　土地财政区域差异定量测度、来源分解和动态演进

本章在定量测度土地财政区域差异的基础上，对土地财政区域差异的来源进行分解研究，并揭示土地财政的动态演进规律。

第一节　土地财政区域差异的定量测度

一、土地财政指标及其描述性统计分析

（一）土地财政指标

本研究以各地市的人均土地出让金收入作为土地财政指标的代理变量，主要原因有：第一，土地出让金是土地财政收入的主要来源，能较好解释地方政府的土地财政行为。第二，与土地使用税、房产税、城镇土地增值税等土地税收收入不同，人均土地出让金收入反映了地方政府从土地征收、开发和出让过程中所获得的人均地租收入。考虑到土地财政与政府税收收入间有着"租税互替"的联系机制（邹秀清，2014），以及向不动产税制渐进过渡的财税改革总体目标，因而有必要在剔除土地直接或间接税收收入后，直接考察土地出让金收入。第三，由于地区土地出让金总收入与其人口数量紧密

相关，因此在研究土地财政区域差异时，以人均土地出让金收入为基准，更能突显出区域差异研究的实际意义。第四，尽管土地出让金收入包括征地和拆迁成本（一般认为土地出让净收益只占到土地出让金的 40%），但是自 2007 年之后，各地市的征地拆迁成本数据较难公开获取，因此本研究使用土地出让金收入来反映地方政府的土地财政行为。进一步考虑到市、县一级地方政府是土地财政的决策主体，以城市为研究样本更能刻画出地方政府在土地财政问题上的模仿与互动，因此本研究选取 2003—2015 年全国 287 个地级（及以上）城市①的人均土地出让金收入来考察土地财政的区域差异性。

数据来自相关年份的《中国国土资源统计年鉴》及《中国城市统计年鉴》，部分地区的人口数据来自《中国人口和就业统计年鉴》。

（二）土地财政指标的描述性统计分析

2003—2015 年中国各地市土地财政指标的统计描述结果表明，各地市之间的土地财政差异的绝对值在扩大，而相对值却在缩小（表 2-1）。从绝对差异来看，2003 年人均土地出让金最高为 3926.28 元（广东省深圳市），最低的仅为 0.78 元（广东省潮州市），极差为 3925.50 元；2015 年，最高的人均土地出让金达到了 18590.32 元（广东省深圳市），最低的为 55.27 元（云南省昭通市），极差增至 18535.05 元，约为 2003 年的 5.62 倍。与此同时，相对差异呈现出波动中缩小的态势，相比 2003 年，全国各地市土地出让金的极商从 5033.69 倍缩小至 2015 年的 336.35 倍，但不同年份之间的上下波动幅度较大。

全国人均土地出让金收入总体上稳步增长，年平均增幅为 18.16%，但在 2008 年、2012 年、2014 年和 2015 年四个年度中，人均土地出让金收入都有着非常显著的回落。

---

① 本研究选择 287 个地级市作为研究对象，由于数据获取原因，未将三沙市、格尔木市、德令哈市、拉萨市等纳入研究范围。

表 2-1 2003—2015 年土地财政指标描述性统计分析

年份	人均土地出让金收入（元）	最大值（元）	最小值（元）	极差（元）	极商（倍）
2003	374.25	3926.28	0.78	3925.50	5033.69
2004	533.67	4229.54	8.45	4221.09	500.54
2005	483.50	5112.60	2.59	5110.01	1973.98
2006	667.10	12456.94	4.19	12452.75	2973.02
2007	963.75	16210.45	1.08	16209.37	15009.68
2008	797.63	8165.53	2.15	8163.38	3797.92
2009	1356.88	17077.53	12.05	17065.48	1417.22
2010	2129.42	18257.31	22.46	18234.85	812.88
2011	2452.69	17726.81	16.71	17710.10	1060.85
2012	2120.26	13848.38	70.85	13777.53	195.46
2013	3275.05	30926.01	192.41	30773.60	160.73
2014	2446.29	21429.91	178.17	21251.74	120.28
2015	2152.37	18590.32	55.27	18535.05	336.35

注：极差=最大值-最小值，极商=最大值/最小值。

二、 土地财政区域差异测度指标的选取

区域经济学领域常用反映收入不平等的统计学指标来测度区域经济差异，为测度土地财政的区域差异性，本研究基于统计指标的互补性，综合运用极变异系数（CV）、基尼系数、泰尔指数（GE_1）、对数变异系数均值（GE_0）和艾肯森 Atkinson 指数 5 项指标进行度量（邹秀清，2016）。各项指标含义如下：

变异系数是以标准差除以均值，衡量的是各地区土地财政指标偏离平均值的相对差距，计算公式为：

$$CV = \sqrt{\sum_{i=1}^{n} (y_i - \mu)^2 / n} / u \qquad (2-1)$$

式（2-1）中，$y_i(i=1,2,3,\cdots,n)$ 为第 i 个地区的土地财政指标，u 为全国平均土地财政指标，n 为地区个数。

基尼系数常用于测度区域经济的不均衡性，计算公式为：

$$\text{基尼系数(Gini Index)} = \frac{1}{2n^2\mu}\sum_{i=1}^{n}\sum_{j=1}^{n}|y_i - y_j| \tag{2-2}$$

式（2-2）中，y_i 和 y_j 分别指第 i 个地区和第 j 个地区的土地财政指标，u 和 n 的含义同式(2-1)。

泰尔指数（GE_1）和对数变异系数均值（GE_0）同属于综合熵指数，一般而言，泰尔指数（GE_1）对上层水平的变化较为敏感，而对数变异系数均值（GE_0）则对底层水平变化较为敏感，计算公式为：

$$GE(c) = \sum_{i=1}^{n}f(y_i)\left[\left(\frac{y_i}{\mu}\right)^c - 1\right] \qquad \text{if } c\neq 0 \text{ and } c\neq 1 \tag{2-3}$$

$$GE(1) = GE_1 = \sum_{i=1}^{n}f(y_i)\left[\left(\frac{y_i}{u}\right)\ln\left(\frac{y_j}{u}\right)\right] \qquad \text{if } c=1 \tag{2-4}$$

$$GE(0) = GE_0 = \sum_{i=1}^{n}f(y_i)\ln\left(\frac{y_i}{u}\right) \qquad \text{if } c=0 \tag{2-5}$$

在式（2-3）、式（2-4）、式（2-5）中，y_i、u 和 n 的定义同式(2-1)。参数 c 被用来衡量指数变化的灵敏性，$c=1$ 时，综合熵指数即为泰尔指数（GE_1）；$c=0$ 时，综合熵指数即为对数变异系数均值（GE_0）。

艾肯森（Atkinson）指数与综合熵指数之间存在着一一对应的单调转换关系，但是它可以设置一个与区域差异外在显示度相关的参数，参数值越高，区域差异的显示度越高，在本研究中，此参数值被设定为0.5。

三、 土地财政区域差异结果分析

表2-2为我国2003—2015年287个地级（及以上）城市以人均土地出让金收入计算的变异系数（CV）、基尼系数、泰尔指数（GE_1）、对数变异系数均值（GE_0）和艾肯森Atkinson指数。由于测度指标具有无量纲性质，因

此，为更好地比较土地财政区域差异的变化过程特征，本研究将每年的区域差异指数转换成了相对于 2003 年的相对值（图 2-1）。

表 2-2　中国土地财政区域差异的测度

年份	基尼系数	变异系数	泰尔指数	对数变异系数均值	艾肯森指数
2003	0.6766	1.7506	0.9999	0.8787	0.3789
2004	0.6539	1.6726	0.8511	0.8171	0.3483
2005	0.6298	1.5644	0.7876	0.7319	0.3202
2006	0.6451	1.7962	0.8407	0.8057	0.3406
2007	0.6823	1.8087	0.9886	0.8635	0.3729
2008	0.6314	1.499	0.7619	0.6954	0.3095
2009	0.6522	1.7378	0.8599	0.8217	0.3491
2010	0.5912	1.3895	0.6785	0.6334	0.2831
2011	0.5447	1.2186	0.5529	0.5233	0.2381
2012	0.4976	1.0986	0.4394	0.4329	0.1975
2013	0.4988	1.1247	0.4372	0.4412	0.1987
2014	0.4955	1.1949	0.4534	0.4212	0.1978
2015	0.5722	1.4000	0.6083	0.5913	0.2631

从表 2-2 和图 2-1 可以看出，土地财政区域差异的变化过程大体表现为"下降—上升—再下降—再上升"的特征，波峰年份和波谷年份近乎是完全一致。从 2003 年开始，各测度指标的系数值均开始连续两年下降，但到 2006 年，各测度指标所反映出的区域差异又开始扩大，并在 2007 年达到峰值后重新下降。但这一下降趋势在 2009 年被中断，各测度指标的系数值在 2009 年又明显上升后，以连续三年大幅下降的走势收尾于 2012 年，但是，从 2013 年开始，各测度指标的系数值重新开始连续上升。泰尔指数（GE_1）、对数变异系数均值（GE_0）和艾肯森（Atkinson）指数的最大值出现在样本

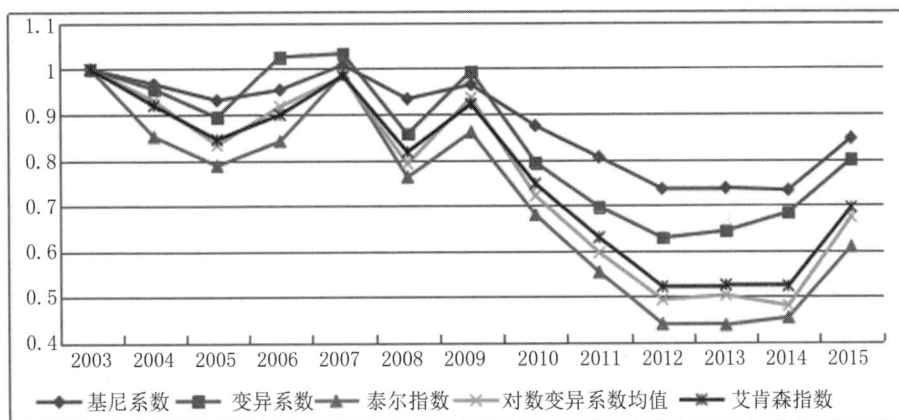

图 2-1　2003—2015 年中国土地财政区域差异指标的变化过程

考察期最开始的 2003 年，基尼系数和变异系数的最大值则出现在 2007 年，但是与 2003 年的波峰值相较，也基本接近。

从以上图表可以得到两点初步判断：第一，本研究所采用的五个反映区域差异的测度指标呈现出基本相似的变化过程，表明这几个指标在测度土地财政区域差异方面，具有十分优良的一致性；第二，在研究期内土地财政区域差异显著，土地财政指标在空间分布上的严重不均衡问题需要引起高度关注，如相较于 2003 年，2015 年土地财政指标的区域差异虽然已经缩小，但是该年的基尼系数仍然高达 0.5722，同期泰尔指数为 0.6083，成为 2010 年之后区域差异值达到最大的年份。

第二节　土地财政区域差异的来源分解

作为测度区域差异来源的常用方法，基尼系数分解法可以将区域差异分解为地区间净值差异、区域内差异和超变密度三个部分，能较好解释地区土地财政差异的来源问题。

一、 基尼系数分解法

参考 Dagum（1997）、Mussard 等（2005）、Costa（2008）、Ogwang（2014）等研究基尼系数按子群分解方法的一系列研究成果，本研究将全国行政区域划分成 K 个区域，f_{ih} 和 f_{jr} 分别为 $i(j)$ 地区内任意一个地级市的土地财政指标；μ 为全国各地级市土地财政指标的平均值；n 为所有地级市的个数；n_i 和 n_j 分别为 $i(j)$ 地区内地级市的个数。由此可以得到基尼系数的计算公式：

$$G = \frac{1}{2n^2\mu} \sum_{i=1}^{K} \sum_{j=1}^{K} \sum_{h=1}^{n_i} \sum_{r=1}^{n_j} \mid f_{ih} - f_{jr} \mid \tag{2-6}$$

在进行基尼系数分解时，首先要依据地区内土地财政指标的均值对地区进行排序，即 $\mu_i \leq \cdots \mu_j \leq \cdots \mu_K$，其中 μ_i 和 μ_j 分别表示 $i(j)$ 地区土地财政指标的均值。按照 Dagum 所提供的基尼系数分解方法（Dagum，1997），基尼系数可被分解为三个部分：地区内（组内）差异的贡献 G_θ，地区间（组间）差异的净贡献 G_{nb} 和组间超变密度的贡献 G_γ，三者之间的关系满足：$G = G_\theta + G_{nb} + G_\gamma$。

式（2-7）和式（2-8）分别表示 i 地区的地区内基尼系数 G_{ii} 和地区内（组内）差异的贡献 G_θ；式（2-9）式（2-10）则分别表示 j 地区的地区间基尼系数 G_{ij} 和区域间差异的贡献 G_{hb}；式（2-11）表示超变密度的贡献 G_γ：

$$G_{ii} = \frac{1}{2n^2\mu} \sum_{h=1}^{n_i} \sum_{r=1}^{n_j} \mid f_{ih} - f_{jr} \mid \tag{2-7}$$

$$G_\theta = \sum_{i=1}^{K} m_i s_i G_{ii} \tag{2-8}$$

$$G_{ij} = \frac{1}{n_i n_j (\mu_i + \mu_j)} \sum_{h=1}^{n_i} \sum_{r=1}^{n_j} \mid f_{ih} - f_{jr} \mid \tag{2-9}$$

$$G_{nb} = \sum_{i=2}^{K} \sum_{j=1}^{i-1} (m_j s_i + m_i s_j) G_{ij} H_{ij} \tag{2-10}$$

$$G_\gamma = \sum_{i=2}^{K} \sum_{j=1}^{i-1} (m_j s_i + m_i s_j) G_{ij} (1 - H_{ij}) \tag{2-11}$$

式中 $m_i = n_i/n$，$s_i = m_i \mu_i / \mu$，$i = 1, 2, \cdots, K$。H_{ij} 为 i 地区和 j 地区间的相对土地财政指标影响，见式 (2-12)；h_{ij} 则表示 i 地区和 j 地区间的土地财政指标总影响，当 $\mu_i > \mu_j$ 时，h_{ij} 是在 $f_{ih} > f_{jr}$ 条件下的所有土地财政指标差异 $(f_{ih} - f_{jr})$ 的加权平均数，对于累计密度分布函数 $Y_i(f)$ 和 $Y_j(f)$，h_{ij} 的计算见式 (2-13)：

$$H_{ij} = \frac{h_{ij} - q_{ij}}{h_{ij} + q_{ij}} \tag{2-12}$$

$$h_{ij} = \int_0^\infty \int_0^f (f - x) Y_j(x) \, dx \, Y_i(f) \, dy \tag{2-13}$$

式中 q_{ij} 则是超变一阶距，为 i 地区和 j 地区中所有 $(f_{ih} - f_{jr} > 0)$ 的样本值加总的数学期望，其计算公式为：

$$q_{ij} = \int_0^\infty \int_0^f (f - x) Y_j(x) \, dx \, Y_j(f) \, dy \tag{2-14}$$

本研究将根据上述统计学方法测算中国 287 个地级市 2003—2015 年土地财政指标的基尼系数并进行地区分解（邹秀清和田娜，2015）。

二、 土地财政区域差异来源的基尼系数分解

为进一步揭示中国土地财政的区域差异性特征，本研究根据 Dagum 提出的基尼系数分解方法（Dagum，1997）和刘华军等（2013）对于农业碳排放区域差异的测算思路，按照东部、中部、西部、东北四大区域[①]分别测算 2003—2015 年土地财政指标的基尼系数，结果如表 2-3 所示。本研究就其总体差异、区域内差异、区域间差异以及地区内和区域间差异的贡献分别进行

―――――――――

① 当前中国已初步形成东部率先、西部开发、中部崛起和东北振兴的四大区域经济格局，本研究主要按照这四个区域进行相关分析。东部地区，包括北京、天津、河北、山东、江苏、上海、浙江、福建、广东和海南；中部地区，包括山西、河南、安徽、湖北、湖南和江西；西部地区，包括内蒙古、新疆、甘肃、宁夏、陕西、重庆、四川、青海、西藏、云南、贵州和广西；东北地区包括黑龙江、吉林和辽宁，香港、澳门和台湾不在区划之列。

分析。

表2-3　中国土地财政指标的基尼系数比较及分解

年份	总体基尼系数	区域内差异				区域间差异						贡献率/%		
		东部	中部	西部	东北	东部-中部	东部-西部	东部-东北	中部-西部	中部-东北	西部-东北	区域内	区域间	超变密度
2003	0.677	0.619	0.558	0.582	0.631	0.682	0.724	0.653	0.532	0.572	0.702	34.675	44.834	20.491
2004	0.654	0.620	0.531	0.577	0.645	0.671	0.708	0.642	0.556	0.589	0.690	35.078	43.548	21.374
2005	0.630	0.583	0.550	0.539	0.561	0.734	0.747	0.685	0.532	0.573	0.716	34.339	45.720	19.941
2006	0.645	0.609	0.519	0.571	0.574	0.723	0.765	0.672	0.557	0.582	0.730	34.483	47.465	18.052
2007	0.682	0.603	0.541	0.683	0.620	0.716	0.823	0.667	0.581	0.594	0.774	34.027	40.980	14.993
2008	0.631	0.551	0.517	0.578	0.599	0.739	0.778	0.688	0.537	0.581	0.759	34.172	46.356	19.473
2009	0.652	0.604	0.516	0.574	0.621	0.726	0.762	0.674	0.594	0.601	0.776	34.970	50.417	15.612
2010	0.591	0.548	0.501	0.493	0.609	0.705	0.781	0.653	0.559	0.573	0.762	33.930	46.956	19.105
2011	0.545	0.492	0.439	0.485	0.600	0.723	0.793	0.667	0.563	0.579	0.753	33.266	44.370	22.365
2012	0.498	0.482	0.381	0.460	0.521	0.689	0.762	0.642	0.589	0.594	0.739	33.857	41.710	24.433
2013	0.499	0.493	0.375	0.457	0.523	0.693	0.765	0.648	0.593	0.601	0.743	34.002	42.351	23.647
2014	0.496	0.491	0.371	0.451	0.536	0.690	0.763	0.657	0.592	0.597	0.740	33.976	41.876	24.148
2015	0.572	0.564	0.364	0.552	0.549	0.742	0.794	0.641	0.601	0.615	0.835	34.965	41.872	23.163

（一）土地财政指标的总体地区差距及其变化过程

图2-2描述了中国土地财政指标的总体地区差距及其变化过程。从图2-2可以看出，全国土地财政指标的总体基尼系数在研究期内呈现下降趋势。以2003年和2009年为基期，全国土地财政总体基尼系数分别下降18.36%和13.99%。同时，在整个研究期内土地财政区域差异的变化趋势不稳定，呈现反复上升和下降的波动态势。2003年的土地财政总体基尼系数为0.677，说明该时期中国土地财政的空间分布很不平衡。此后总体基尼系数从0.677下降到2005年的0.630，在2007年增长到研究期内的最高值0.682，2009—2012年间总体基尼系数均呈连续下降态势，表明这段时期我国土地财政的总体区域差异有稳步缩小之势。但是从2013年开始，总体基

尼系数又开始上升，2015 年高达 0.572。

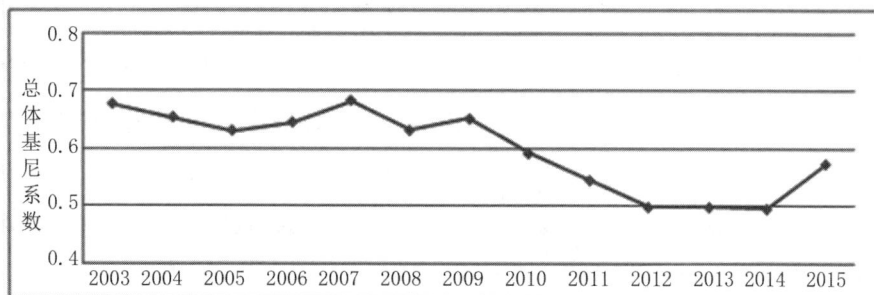

图 2-2　中国土地财政指标总体区域差异的变化过程

（二）土地财政指标的区域内差异

图 2-3 进一步揭示了东部、中部、西部和东北四大地区的区域内差异及其变化。如图所示，在研究期内，四大地区土地财政指标的基尼系数均呈较大幅度的波动，但从总体上看，基尼系数下降趋势明显。

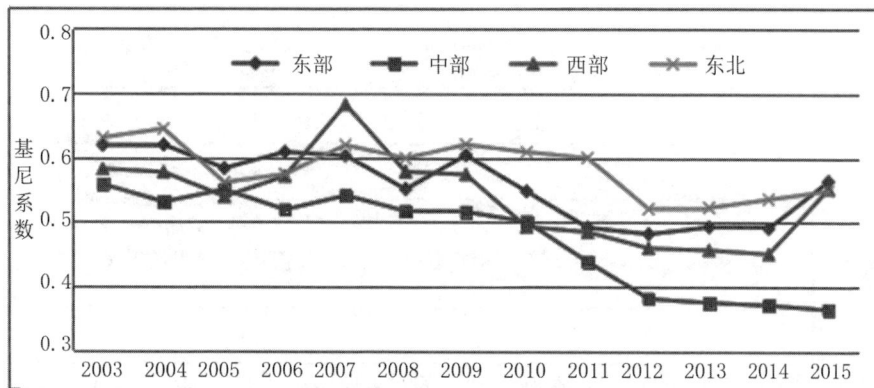

图 2-3　中国土地财政区域内差异的变化过程

具体来看，东部地区 2003 年的基尼系数为 0.619，说明东部地区土地财政区域差异较大，2015 年基尼系数下降至 0.564，下降幅度为 8.89%，区域内分布不均衡问题有所缓解；在东部地区除 2006 年、2009 年、2013 年和

2015 年的基尼系数有所上升之外，研究期内呈现下降的态势。中部地区的基尼系数整体呈现逐年下行的变化态势，其在 2003 年的基尼系数为 0.558，至 2015 年下降至 0.364，下降幅度为 34.77%。相较于东部和中部地区，西部地区基尼系数的上下波动显得较为剧烈。西部地区基尼系数从 2003 年的 0.582 下降到 2005 年的 0.539，然后在 2006 年又重启升势，并在 2007 年达到考察期内的最高值 0.683，此后又走向连续下降的态势，2014 年西部地区基尼系数降至 0.451，但是在 2015 年又回升至 0.552。在整个研究期内，东北地区基尼系数的波动都显得较为平缓；东北地区基尼系数从 2003 年的 0.631 下降到 2015 年的 0.549。通过对图 2-3 的判读，除 2005 年、2006 年、2007 年和 2015 年之外，东北地区基尼系数曲线始终居于曲线图最上方，即东北地区的区域内差异最大。

（三）土地财政指标的区域间差异

图 2-4 进一步描绘了中国土地财政指标的区域间差距及其变化态势。

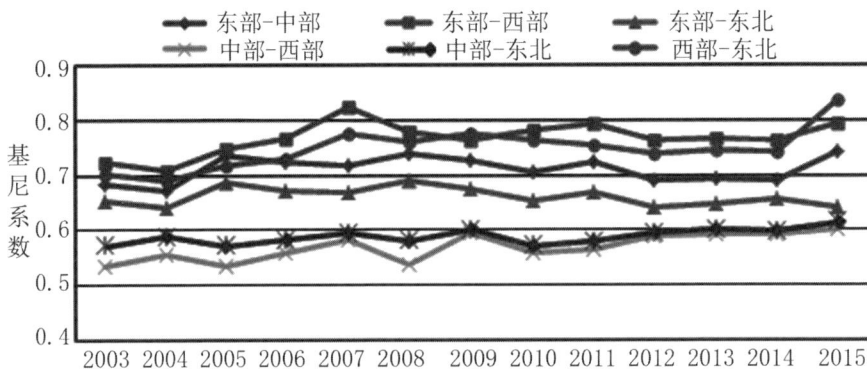

图 2-4　中国土地财政区域间差异的变化过程

由图 2-4 可知，2003—2015 年，除东部-东北区间外，其余 5 个区间的基尼系数总体呈现出波动上升的态势。就东部-东北区间而言，其 2003 年的区间基尼系数为 0.653，两大区域间存在着严重的不均衡现象，到 2015 年区间基尼系数微降至 0.641，相较于 2003 年，仅略微下降 1.7%。而其余 5 个区间的基尼系数在研究期内都有不同程度的上升，其中上升幅度最大的是西部-东北区间，其总体上升幅度为 18.95%，东部-中部区间、东部-西部区间、中部-西部区间、中部-东北区间的总体上升幅度则分别为 8.8%、9.67%、12.7% 和 15.38%。通过对图 2-4 曲线的判读，可进一步得知，除 2009 年和 2015 年之外，东部-西部区间基尼系数均为最高，说明东部和西部之间的区域差异程度最大；而中部-西部区间基尼系数最低，这说明在研究期内，中部和西部之间的区域差异程度最小。

据此可以认为，土地财政指标在全国四大地区间存在着非常显著的差异性。

（四）土地财政指标基尼系数贡献率的区域差异

图 2-5 从整体上描绘了区域内差异、区域间差异以及超变密度贡献率的变化态势。由图 2-5 可知，在研究期内，区域间差异贡献率经历了较大幅度的波动，从 2003 年的 44.83% 回落到 2007 年的最低点 40.98%，随后又上升至 2009 年的最高点 50.42%，至 2015 年又回落到 41.87%。但区域间差异贡献率始终都明显高于区域内差异和超变密度的贡献率，这表明区域间差异是导致中国土地财政区域差异的最主要原因。区域内差异贡献率一直都保持着相对稳定的水平，从 2003 年的 34.68% 到 2015 年的 34.97%，仅仅略微有所上升。并且，区域内差异贡献率始终都介于区域间差异和超变密度的贡献率之间。超变密度贡献率的前后波动幅度也较大，其最高点出现在 2012 年，贡献率水平达到了 24.43%，最低点出现在 2007 年，贡献率为 14.99%。总体而言，超变密度贡献率呈现出波动上升的趋势，相对于 2003 年，2012 年超变密度对总体区域差异的贡献率上升 13.04%。值得注意的是，从 2009 年开始，这三者之间的差距开始逐年缩小，截至 2015 年，区域间差异、区域内差异和超变密度贡献率分别为 41.87%、34.97% 和 23.16%，2015 年是这

三者在研究期内贡献率水平相互间最为接近的一年。

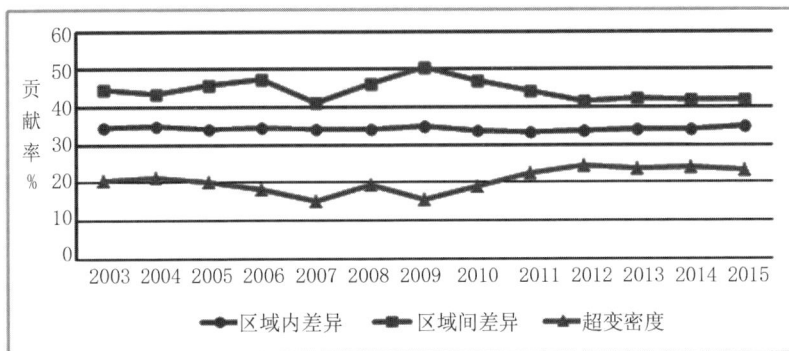

图 2-5　土地财政指标基尼系数贡献率区域差异的变化

第三节　土地财政的动态演进特征分析

本节参考借鉴刘华军等（2013）对于农业碳排放区域差异的研究方法与测算思路，选择高斯核函数分析我国土地财政的动态演进，考察土地财政指标分布的位置、形态和延展性等特征。同时，由于核密度估计提供的土地财政指标演进过程的内部动态性（Intra-distribution Dynamics）信息较为有限，为弥补这一不足，本研究使用 Markov 链方法分析不同区域间土地财政指标的状态转移（邹秀清、田娜，2015）。

一、核密度估计和 Markov 链方法

核密度估计方法已成为研究不均衡分布的成熟研究方法。核密度估计值能够直观形象地反映东部、中部、西部和东北地区土地财政空间分布的集聚性，该方法使用连续的密度曲线描述区域内土地财政指标在研究期间内的分布形态，从而可以估计区域内土地财政的概率密度。假设随机变量 X 的密度函数是 $f_{(x)}$，在点 x 的概率密度可由式（2-15）估计得出：

$$f_{(x)} = \frac{1}{N_h} \sum_{i=1}^{N} K(\frac{X_i - x}{h}) \qquad (2-15)$$

式中 N 为观测值的个数；h 为带宽；$K(\cdot)$ 为核函数，它是一种平滑转换函数或者加权函数；X_i 为独立同分布的观测值；x 为 均值。核函数类型多样，但不同类型的函数对模型精确性的影响较小。故本研究选择高斯核函数估计中国土地财政指标的演进过程，函数表达式见式（2-16）：

$$K(x) = \frac{1}{\sqrt{2\pi}} \exp(-\frac{x^2}{2}) \qquad (2-16)$$

基于上述公式，本研究将通过对比东部、中部、西部和东北地区土地财政指标的动态演进图，可以得出区域内土地财政分布的峰度和偏度等信息，进而揭示全国土地财政分布的总体形态及东部、中部、西部和东北地区的极化程度。

同时，本研究还将使用 Markov 链方法研究不同区域间土地财政指标的状态转移，以与核密度估计结果相互印证。Markov 链方法是通过构造马尔可夫转移矩阵来描述东部、中部、西部和东北地区土地财政指标的动态演进特征。如果将土地财政指标划分为 M 种类型，则可以得到一个 $M \times M$ 维度的转移矩阵，状态转移概率 P_{ij} 是从状态 i 转移到状态 j 的概率，所有的 P_{ij} 所组成的 $M \times M$ 维矩阵即是状态转移概率矩阵 P。通过转移矩阵 P 可以判断各区域在整个系统内的动态演进过程。

假设 P_{ij} 表示某一区域土地财政指标在第 t 年属于 i 类型，而在 $t+1$ 年转移到 j 类型的一步转移概率，那么可以采用极大似然法估计得到转移矩阵 P，见式（2-17）：

$$P_{ij} = a_{ij}/a_i \qquad (2-17)$$

式中 a_{ij} 是第 i 状态转移到第 j 种状态的次数；a_i 则是第 i 种状态出现的总次数。初始概率分布 F_0 主要取决于状态划分，在中国土地财政指标的演进过程分析中，需要通过恰当的状态划分使得每一种状态的初始概率都相同。

二、 基于 Kernel 核密度估计的土地财政指标动态演进分析

使用 Kernel 核密度估计分析研究期内中国土地财政指标的动态演进，不仅可以刻画出土地财政指标的整体形态，而且通过对不同时期的比较，还可以把握不同区域土地财政指标的动态变化特征。本研究采用高斯核函数绘制出中国 287 个地级市土地财政指标 Kernel 核密度估计的二维图①（图 2-6）。

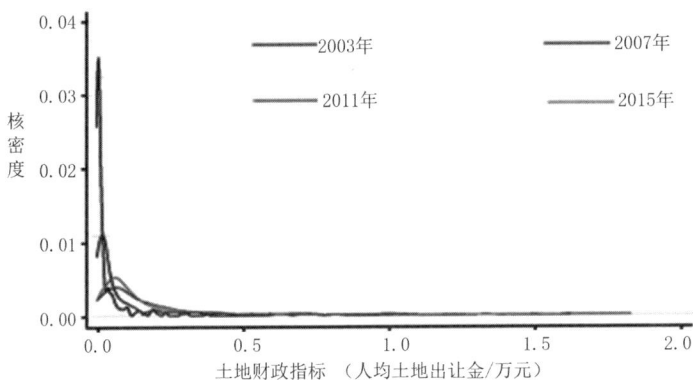

图 2-6 中国 287 个地级市土地财政指标的演进

总体来看，在研究期内，全国 287 个地级市土地财政指标的区域差异经历了"下降—上升"的过程。具体而言，2007 年密度函数中心相比 2003 年轻微向下移动，波峰变得更加平缓，区间有所扩大，这表明该阶段我国土地财政指标的区域差异正在缩小；与 2007 年相比，2011 年波峰中心略向右，但波峰的宽度显著变大，这说明此阶段的区域差异扩大的程度更小；与 2011 年相比，2015 年密度函数中心小幅左移，且波峰变高，这表明 2015 年土地

---

① 在 kernel 核密度估计中，确定适当的带宽 h 对于获得最优拟合结果十分重要，若带宽选择过小，估计结果可能会产生一些反事实的伪造信息；带宽选择过大，估计结果则容易遗失部分重要的结构信息。在实际估计过程中，带宽 h 是观测值个数 N 的函数，且满足这一要求：$\lim_{N\to\infty} h(N) = 0$；$\lim_{N\to\infty} N_h(H) = N \to \infty$。

财政指标的区域差异再次变大。与 2003 年相比，2015 年密度函数中心向右移动，波峰变得更为平缓，波峰的宽度加大，这表明土地财政指标的区域差异在研究期内总体呈现下降的态势。可能的原因是，在研究期内，一些影响土地财政指标的关键因素，诸如经济发展水平、非农产业结构、劳动力迁徙和流动等，在全国范围内变得更为均衡。

图 2-7（a）至图 2-7（d）分别描述了东部、中部、西部、东北四大地区土地财政指标在研究期内的演变。从四大区域来看，其在研究期内的土地财政指标区域差异均呈现缩小甚至趋于稳定的态势，但亦有所区别。其中，东部地区土地财政区域差异在研究期内表现出"下降—上升—下降"的趋势；而中部、西部都经历了"下降—上升—趋于稳定"的变化过程；东北地区则表现出"下降—上升"的特征。此外，根据对波峰数量的统计，西部地区的土地财政指标出现了明显的两极分化，但是随着时间的推移，两极分化的现象开始逐渐消除。

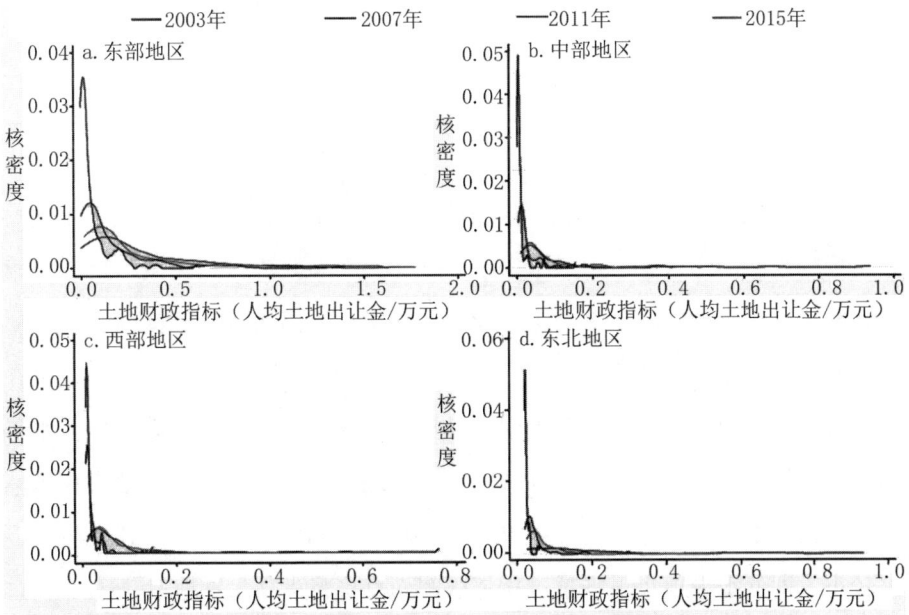

图 2-7 东部、中部、西部和东北地区土地财政指标的动态演进

三、 基于 Markov 转移矩阵的土地财政指标动态演进过程分析

根据人均土地出让金（元/人）的大小，将研究样本所涵盖的地市分为 5 种类型。其中，区间（0，630］为类型Ⅰ，称其为低水平地市；区间（630，1041］为类型Ⅱ，称其为中低水平地市；区间（1041，1575］为类型Ⅲ，称其为中等水平地市；区间（1575，3056］为类型Ⅳ，称其为中高水平地市；区间（3056，+∞）为类型Ⅴ，将其称为高水平地市，见表 2-4。

表 2-4　中国土地财政指标的 Markov 转移矩阵概率

	类型Ⅰ	类型Ⅱ	类型Ⅲ	类型Ⅳ	类型Ⅴ
类型Ⅰ	0.541	0.247	0.204	0.008	0.000
类型Ⅱ	0.192	0.361	0.321	0.122	0.004
类型Ⅲ	0.096	0.106	0.428	0.351	0.019
类型Ⅳ	0.003	0.073	0.194	0.476	0.254
类型Ⅴ	0.000	0.005	0.037	0.162	0.796

表 2-4 为中国土地财政指标转移概率的最大似然估计结果及中国土地财政指标的内部动态信息。由表 2-4 所提供的 Markov 转移矩阵概率可知：第一，非对角线上的转移概率相对较低，而主对角线上的转移概率相对较高，这说明不同量级的土地财政类型发生跨区间流动的概率比较低，不同地区在总体水平分布中的相对位置较为固定，也就是说，处于土地财政指标低水平的地市仍然保持低水平的概率较高，处于土地财政指标高水平的地市也依然会保持其高水平；第二，转移主要发生在相邻区间中，跨区间转移发生的概率较小，即低水平地市很难越过相邻区间而直接跨入高水平地市。

表 2-5 进一步描述了 2003—2015 年土地财政指标的初始分布和 Markov 链的稳态分布，结果表明中国人均土地出让金的长期均衡状态将大部分处在

类型Ⅲ、类型Ⅳ和类型Ⅴ的状态空间之内。相较于初始分布状态来说，稳态分布中处于类型Ⅰ、类型Ⅱ的地市将逐渐减少，而处于类型Ⅳ地市所占的比例将由初始的23.7%上升到26.6%，处于类型Ⅴ地市所占的比例亦将由初始的18.3%上升到35.2%。由此可以初步得知，类型Ⅰ和类型Ⅱ土地财政指标稳定性较差，而类型Ⅳ和类型Ⅴ地市的土地财政指标相对比较稳定。随着社会经济的持续发展，中、低水平的土地财政类型可能大量减少甚至消失，预期全国各地市的土地财政指标总体上朝着中高水平和高水平的方向发展。

表2-5　中国土地财政指标的初始分布和稳态分布

	类型Ⅰ	类型Ⅱ	类型Ⅲ	类型Ⅳ	类型Ⅴ
初始分布	0.175	0.166	0.239	0.237	0.183
稳态分布	0.085	0.099	0.199	0.266	0.352

本章主要结论

本章主要结论如下：

第一，在研究期间内，中国各地市的土地财政区域差异显著，呈现出明显的空间非均衡性特征。2015年土地财政指标的基尼系数高达0.5722，同期泰尔指数为0.6083，成为2010年之后区域差异值最大的年份。

第二，基尼系数按群组分解的结果表明，区域间差异是导致中国土地财政区域差异的最主要原因，区域内差距对总体差距的贡献率较为平稳，而超变密度贡献率则在总体上呈现上行的态势。在2009年之后，这三者贡献率的变化呈现出逐年趋同的趋势。

第三，Kernel核密度估计表明，中国土地财政指标的区域差异性在研究期内呈现波动下降再上升的态势。从东部、中部、西部和东北四大区域来看，东部地区土地财政的区域差异呈现出"下降—上升—下降"的趋势，中部、西部经历了"下降—上升—趋于稳定"的变化过程,东北地区则表现出"下降—上升"的特征。

第四,Markov 链分析表明,不同量级土地财政类型发生跨区间流动的概率比较低,不同地区在总体水平分布中的相对位置较为固定,随着社会经济的持续发展,中、低水平的土地财政指标可能不再存在,预期全国各地市的土地财政指标总体上朝着中高水平和高水平的方向发展。

第三章 地方政府土地财政区域差异的形成机理

本章首先对地方政府土地财政区域差异的形成机理进行理论分析，然后对地方政府土地财政区域差异影响因素开展实证研究，并揭示土地财政与其影响因素的互动关系，最后探讨地方政府土地财政的空间竞争效应及对区域差异形成的影响。

第一节 地方政府土地财政区域差异形成机理的理论分析

一、土地财政区域差异的影响因素

（一）区位差异

土地资源是一种稀缺性生产资料，土地价值是土地财政的根本。基础设施完善、交通便利，产生正外部性，土地价值会随之提升；反之，如周围环境较差、公共服务落后，产生负外部性，土地价值会随之下降。

我国幅员辽阔，自然资源分布和区位条件使我国东、中、西及东北地区差异显著。东部地区以冲积平原为主，自然条件优越，基础设施较好，交通便利，水土资源匹配较好，经济发展较快。中部地区有丰富的自然历史文化资源，但经济发展尚未崛起。西部地区地处边陲，缺水干旱、风沙严重，西南缺土，耕地多以中低产田为主，交通不便，加上基础薄弱，使得在发展的竞争中处于落后地位。东北地区自然资源丰富，是我国重要的工业基地和农副产品基地，但20世纪90年代由计划经济向市场经济转轨过程中，由于经济增长方式、经济结构、体制等方面的原因，近年来经济发展滞后（张健，2013）。

由于不同区域区位条件、资源禀赋不同，导致土地价值存在较大差异，土地出让价格与规模也随之不同，最终表现为土地财政的区域差异。

（二）对外开放程度差异

在改革开放的起步阶段，中国区域开放的进程率先从东部沿海地区开始，再逐步波及内陆地区，形成了梯度推进的开放格局（严汉平，2004）。东部由于较早实行开放政策，使得该地区总体经济开放的广度和深度不断拓宽，从而使东部沿海地区达到了较高的开放程度，是吸收外商投资最多的区域；而中西部及东北地区由于开放进程相对滞后，不仅经济开放总体水平较低，而且开放的层次相对较低，尤其是西部，由于条件的劣势，使得在吸引外资、扩大出口方面不仅远远落后于东部沿海，也落后于中部地区。1979—2008年，我国各地实际累计利用外商直接投资的80.2%集中在东部10省市，中部6省市、西部12省市和东北3省分别只占8.0%、4.96%和6.81%。尽管1999年以来，国家陆续实施了"西部大开发""中部崛起""振兴东北"平衡区域发展的政策，一部分外商直接投资（FDI）开始向中西及东北部地区转移，但东部沿海地区仍是外商投资的集中地区（张平，2014）。

与相对较高的经济开放度对应，东部沿海地区土地资源虽然稀缺，但经济发展水平较高，有更好的私有产权保护和市场化的资源配置手段，更容易获得更多土地出让收入和土地房地产相关税费收入（黄赜琳等，2013），财政资金来源渠道多且比较充裕，地方政府官员并不依靠土地出让来弥补财政缺口，而是将土地作为招商引资的重要筹码，投资是促进经济发展的最直接动力。而开放程度低的内陆区域，虽然土地资源相对丰富，但受地理位置的制约，对资本的吸引力有限，产业用地需求不旺，土地市场不发达，地价远远低于东部，导致地方土地财政收入有限。

（三）经济发展水平差异

区域经济发展不平衡已成为我国经济快速增长过程中的突出问题。改革开放以来，尽管东、中、西及东北四大区域的国内生产总值均快速增长，但区域间的差距也在持续扩大，呈现出"东西差距"与"南北差距"并存的特征（张平，2014）。从人均 GDP 看，1978 年全国人均 GDP 为 381 元，东部地区人均 GDP 为 449.2 元，中部地区为 289.2 元，西部为 298.8 元，东北为 541.2 元，区域差别不大。但 2015 年全国人均 GDP 为 4992 元，排在前三位的天津、北京、上海人均 GDP 分别为：107960 元、106497 元、103796元；甘肃、云南、贵州排在最后三位，分别为：26165 元、28806 元、29847元，均属于西部省份。

对于经济欠发达地区而言，羸弱的税基和基础设施建设的硬性支出，将会促使其愈发依赖土地财政（邹秀清，2016）。而对于经济相对发达的地区，最初经济发展和城市扩张带来土地需求的增加和房地产业、建筑业的发展，导致对土地财政依赖严重（黄贻琳等，2013）；但当经济发展到一定水平，地方政府在做大经济总量和增加税收收入方面有着稳定的预期，可能会逐步摆脱对土地财政的过度依赖。因此，伴随着社会经济的持续发展，地方政府对于土地财政的依赖可能会呈现一个先增后减倒"U"型变化过程（邹秀清，2016）。

（四）城市化水平差异

改革开放以来，我国城市化进程提速显著，城市化率由 1978 年的 17.92% 上升到 2015 年的 56.1%。但同时，各地区的城镇化发展水平差异明显，东部地区城市化水平总体较高，西部地区城镇化水平较低，且提升速度较慢，中部和东北地区的城镇化水平近年来发展速度显著提高。据 2014 年《中国城市统计年鉴》，上海、北京、天津和广东的城市化率列为前四位，分别为 89.60%、86.35%、82.27%、68.00%；而排名在后四位的城市分别是西藏 25.75%、贵州 40.01%、甘肃 41.68%、云南 41.73%，均属于西部地区。

城市化的发展与土地财政密不可分，我国城市扩张的模式可以概括为："土地征收→土地出让→土地财政收益→投资城市公共建设→城市建成区面积扩张→土地征收"的往复循环（荀文会和王玉波，2016）。城市化的内在动机在于增加相关税收和获得巨额的土地出让收益。城市化对土地财政的影响通过土地用途转变和人口非农化两种途径实现。

首先，伴随着城市化的加快，大量农用地被转换为城市建设用地，可称之为"土地城市化"。具体表现为，规划用途的改变提升了土地的内在价值，地方政府凭借其垄断的城镇土地使用权，以竞价的方式出让经营性土地使用权，从而引起经营性用地的出让价格上涨，进一步引起商品住宅价格的上涨（陈多长和沈莉莉，2012）。韩本毅（2010）经过测算发现：城市化率每提高 1%，土地出让收入就增加 1.1467 亿元；土地出让面积增长率每增加 1%，则土地财政收入就增加 10.8223%（以 1990 年价计）。

其次，伴随着城市化的发展，出现了"人口城市化"，即城市吸纳农村人口，为他们创造就业，并提供社会福利，表现为人口向城市地区集中或农业人口变为非农业人口的过程（朱凤凯等，2014）。快速的城市化导致人口和非农产业迅速向城市区域集聚，从而产生了对住房、基础设施和公共服务等需求的快速增长。这需要政府增加城市基础设施投资、扩大城市规模、改善城市条件，在预算内资金不足的情况下，城市建设只能靠预算外收入，地方政府通过出让经营性土地使用权来满足各方面的需求，从而导致地方政府对土地财政依赖的加深。

（五）工业化水平差异

工业化指工业或第二产业产值（或收入）在国民生产总值（或国民收入）中比重不断上升的过程。我国的工业化进程在不同地区差异很大。四大经济区域中，东部地区整体进入工业化后期，东北地区处于工业化中期，中部及西部地区处于工业化前期的后半阶段（陈佳贵等，2006）。

为了能在区域竞争中取得优势，地方政府通常将工业用地以优惠低价或"零地价"出售，作为招商引资的重要手段，低成本激发了投资者的热情，大量工业项目"落地"，由此产生了对城镇住宅、公共设施及服务的需求，为高价出让商住用地提供了条件（陈多长和沈莉莉，2012）。同时，为了弥补工业用地低价出售带来的损失，地方政府会选择高价出售经营性用地，以获得高额的土地出让收入。因此，工业化水平不断提高，带来商住用地的土地需求与土地出让收入的不断快速增长。商业用地和居住用地市场的繁荣，其土地出让价格不断上涨，土地出让收入规模屡创新高，地方政府也因此获取规模巨大的财力。

（六）其他影响因素

除以上因素外，人口密度、财政收支缺口、土地市场的发育程度、房地产市场景气状况、地方政府对于土地财政的惯性依赖、土地资源配置的市场化进程、农村集体建设用地的入市、城乡二元分割的土地制度等，也可能会影响土地财政区域差异的形成。

二、 土地财政与其影响因素的交互关系

作为中国现阶段社会经济发展过程中的产物，土地财政同样与社会经济发展中的诸多因素产生复杂的交互作用关系。一方面，地方政府通过支出土地财政改善基础设施和公共设施，从而进一步吸引第二、三产业投资，人均GDP 等进一步提高，因此土地财政对经济发展、城市建设具有促进关系。李名峰（2010）通过测算发现，土地财政与经济增长之间存在正向反馈作用机制，其贡献率在 1997—2008 年间高达 20%—30%；在诸如上海这样发达的地区，土地对经济的拉动效应甚至大于资本要素（李明月，2005）。陈志勇和陈莉莉（2010）认为分税制驱使地方政府依赖以土地出让金为主的财政来源进行城市基础设施建设，以改善投资环境，并扶持房地产业，直接或间接带动其他产业发展，最终提升了地方经济水平。

另一方面，随着基础设施的完善，城市进一步繁荣，城市人口收入增加，人力、资本等要素将不断聚集，土地资源价值提升，土地出让金收入增加，进一步增加土地财政收入。因此，土地财政与其影响因素之间可能存在交互作用关系。

同时，土地财政的无序发展也可能引发土地资源的滥用，阻碍产业结构升级，导致城市面积盲目扩大，房价飞涨等问题，对经济、社会的发展产生负面影响。因此，土地财政与其影响因素间的作用机制较为复杂，在不同时期、不同区位，土地财政与其影响因素的作用关系可能各不相同。

三、 土地财政区域竞争及空间互动效应

在中央集权式的官员晋升管理体制下，上级官员倾向于采纳 GDP 指标作为政绩考核标准，导致地方政府官员出于职位升迁的动机而产生发展当地经济的强烈需求，各地区也由计划经济体制下的"兄弟关系"逐渐转变为"竞争关系"。各地方政府利用对国有土地的垄断，通过土地开发来"经营

城市"，并倾向于利用土地出让策略来吸引劳动、资本等流动性资源以在区域竞争中取得优势。激烈的区域竞争使地方政府产生庞大的支出需求，在财力有限的情况下，土地财政是地方政府突破预算约束，发展地方经济，增强区域竞争力的最佳行为选择（黄赜琳等，2013）。

由于空间相依性，地方政府的土地出让区域竞争会表现出相互模仿或竞争的空间互动行为，这种相互竞争或模仿可能遵循一定的时空扩散或传递机制，并形成策略性互动，即地方政府为了能与周边政府竞争，可能策略性地出让土地以增加投资，如果某地方政府降低工业用地出让价格以刺激投资，通常会引发周边地区的竞争降价。如江苏省苏州市的土地征收成本及基础设施成本为 20 万元/亩，但工业用地土地出让金仅收取 15 万元/亩。相邻地市为了与苏州竞争，更是降至 5 万元—10 万元/亩（黄小虎，2007），结果形成邻近区域土地出让行为的系统性空间相关。杨其静等（2014）实证研究表明，地方政府在土地引资的竞争中不仅存在着竞相增加土地出让面积和降低地价的底线竞争行为，还存在着竞相降低引资质量的底线竞争行为。

四、　土地财政区域差异形成机理

综合上述分析，土地财政区域差异的形成机理可以用图 3-1 说明。从土地财政的形成上看：第一，分税制改革是土地财政形成的直接诱因。1994 年实施的分税制改革，形成了"财权上移、事权置留"的格局，加大了地方政府的财政收支缺口，迫使地方政府由"援助之手"转变为"攫取之手"，并形成土地征收、开发和出让为主的发展模式（唐鹏等，2014），最终导致地方政府对土地财政的依赖；第二，现有的土地管理制度为土地财政的形成创造了条件。我国《宪法》《土地管理法》《土地承包法》等一系列法律、法规、条例构成了土地制度，其导致地方政府事实上掌握了所在区域公有土地的大部分剩余索取权和剩余控制权（骆祖春，2012），完全垄断了土地市场，通过征地、卖地获得巨大的经济利益；第三，现有的政府官员的晋升制度为土地财政的形成提供了政治激励。政府作为理性人,在地区竞争制度及政绩考核机制下,地方政府之间展开了激烈的资本竞争,产生了对土地财政强烈的渴望与依赖。

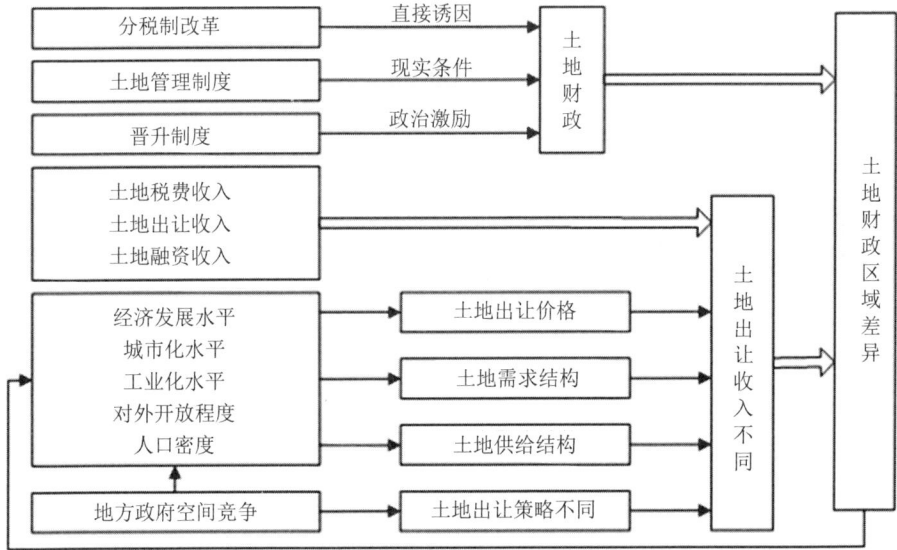

图 3-1　土地财政区域差异形成机理

土地财政区域差异形成具体原因有:第一,从直观表现上看,由于土地财政收入主要由土地税费收入、土地出让金及土地融资收益构成,不同区域三者的收益存在着很大不同,从而直接形成土地财政区域差异;第二,土地财政区域差异形成的更深层次的原因在于,我国呈现东、中、西及东北阶梯发展状况,不同区域的区位条件、经济发展水平、城市化水平、工业化水平、对外开放程度、人口密度等因素存在很大的不同,导致与土地相关的税费收入、土地市场的供求结构,土地价格及融资能力等的差异,进而影响土地出让收入。同时,发展条件不同的各地方政府为了在 GDP 竞赛中获胜,在土地出让中采取互相竞争或模仿的行为,采取不同的土地出让策略,形成空间竞争,也会导致土地财政区域差异;第三,土地财政作为地方政府的第二财政，又可以影响当地经济发展、工业化、城市化水平，就业水平、公共服务水平等，从而进一步拉大区域差异。

第二节　地方政府土地财政区域差异影响因素实证分析[①]

基于前述地方政府土地财政区域差异成因的理论分析，以 2003—2015 年中国地级（及以上）城市面板数据为基础，深入分析不同区域间土地财政收入与其影响因素间的内在联系。采用基于回归方程的 Shapley 值分解方法，在一个综合性的分析框架中对影响土地财政区域差异的主要因素进行分解并按其贡献大小进行排序，以得出对土地财政区域差异的贡献大小。

一、研究方法与变量选择

（一）土地财政区域差异成因的 Shapley 值分解法

为计算各影响因素对于土地财政区域差异的贡献度，需要设定一个土地财政指标的影响因素回归方程，以估计出各个解释变量的系数。为回避分解过程中常数项的处理问题，本节首先估计一个半对数的土地财政指标影响因素的回归方程，具体为：

$$\ln y_{it} = \alpha + \beta X_{it} + \varepsilon_{it} \tag{3-1}$$

其中，y 表示各地市的人均土地出让金收入，下标 i 表示地市，t 表示年份。X 是影响土地财政指标的解释变量向量，β 为待估系数向量，ε_{it} 则表示随机扰动项。

在土地财政区域差异的形成过程中，某个因素对于区域差异的贡献基本

---

① 本节主要内容参考课题阶段性成果，邹秀清：《中国土地财政区域差异的测度及成因分析》，《经济地理》2016 年第 1 期。

取决于两个方面：一是该因素与区域差异的相关系数，即这个因素对于土地财政指标的偏效应；二是这个因素自身的分布状况。在极端情况之下，当这个因素的偏效应趋近于零或者它的分布状态完全平等时，该因素对于区域差异的贡献也就是零。借鉴瓦哈卡（Oaxaca，R.，1973）基于回归分析的差异分解方法的基本原理，本节所使用的土地财政区域差异成因分解法将是一种基于回归方程的 Shapley 值分解方法。Shapley 值（Shapley Value）源于沙普利（Shapley）提出的关于多人合作博弈解的计算方法，夏洛克斯（Shorrocks，A.，1999）为避免不平等分解结果依赖影响因素在分解时的排序，提出了将回归方程和 Shapley 值分解原理有机结合起来的 Shapley 值分解方法，从而可以在一个统一的研究框架内计算出各影响因素对于不平等的贡献。Wan（2004）在此基础上，遵循 Before-After 原理和 Shapley 自然分解原则，构建了一个更一般的分析框架，以适合于不同形式的回归方程和测度指标（Wan，G.，2004）。因此，本节将采用 Wan（2004）所发展的分解方法对中国土地财政区域差异的成因进行分解。

由于本节分析的是土地财政指标的差距，而不是土地财政指标对数的差距，因而需要将土地财政指标的影响因素回归方程式（3-1）改写为如下形式：

$$f = \exp(\alpha) \cdot \exp(\beta_1 X_1 + \beta_2 X_2 + \cdots + \beta_k X_k) \cdot \exp(\varepsilon) \qquad (3-2)$$

式（3-2）即为待分解的方程。其中的 $\exp(\alpha)$ 是一个常数项，在具体计算过程中，它可以从方程中删除而不会影响回归结果。通过计算初始的土地财政区域差异与假设时的土地财政区域差异（即回归方程拟合值）的差值，可以得到残差项对于区域差异的影响。残差的贡献可以理解为未纳入回归方程的变量对于区域差异的影响。在通常状况下，区域差异决定函数基本不可能达到完美的拟合，残差项也就不可能为零，这就需要根据残差贡献的大小来判断回归结果对于土地财政区域差异的解释力。

（二）变量选择

选择人均土地出让金收入为土地财政指标的代理变量，研究数据分别来自相关年份的《中国国土资源统计年鉴》和《中国城市统计年鉴》，部分地区的人口数据来自《中国人口和就业统计年鉴》。

根据前述理论分析，基于模型适用性等原因，本研究选择下列变量实证分析其对土地财政区域差异形成的作用方向和影响程度（邹秀清，2016）：

1. 地区经济发展水平。以各地市人均 GDP 的对数（lngdp）来反映地区经济发展水平，考察经济发展水平对于土地财政的实际影响。分税制改革启动之后，中央与地方的税收分成比例大体固定，地方财政预算内收入很大程度上取决于其经济发展水平。对于经济欠发达地区而言，羸弱的税基和基础设施建设的硬性支出，将会促使其愈发依赖土地财政。而对于经济相对发达的地区，地方政府在做大经济总量和增加税收收入方面有着稳定的预期，可能会逐步摆脱对土地财政的过度依赖。也就是说，伴随着社会经济的持续发展，地方政府对于土地财政的依赖可能会呈现一个先增后减倒"U"型变化过程（邹秀清，2013）。

2. 预算内财政收支缺口。以如下表达式来衡量预算内财政收支缺口（fgap）：（预算内支出－预算内收入）/预算内收入，实际上，预算内财政收支缺口也可以被视为地方政府财权和事权不平衡的程度。1994 年分税制改革之后，地方政府受到的财政约束愈发明显，财权的上收和事权的下放，使得地方政府仅仅依靠上级的转移支付和本级的预算内收入已无法支撑本级财政的基本支出（中国土地政策改革课题组，2006）。在缺乏稳定税源的情况下，地方政府将被迫寻求财政预算外收入来维持其日益扩大的地方公共事务。

3. 城市化水平。以人口城市化水平（url）和土地城市化水平（uol）来考察城市化进程，人口城市化水平为非农业人口占总人口的比重，土地城市化水平为城市建成区面积占全市土地总面积的比重。土地财政在一定程度上是建设用地需求所引致的结果。由于城市化进程所亟须的建设用地供给被地方政府高度垄断，从而使得地方政府能从城市土地一级市场上获得丰厚的回报。

4. 产业结构。分别考察第二产业和第三产业在产业结构中的比重：第二产业比重（s2g，第二产业产值占地区生产总值的比重）和第三产业比重（t2g，第三产业产值占地区生产总值的比重）。与城市化密切相伴的是工业化，由于工业用地出让与第二产业发展密切相关，商住用地出让与第三产业发展紧密相连。

5. 人口密度。人口密度（den）为全市年末总人口除以辖区内土地总面积，取对数形式。人口密度高的地区，往往意味着地方政府在土地征收和房屋拆迁过程中会面临更高的成本，地方政府的相关行为也可能会受到更多的监督和限制，由此对于土地财政的增长可能会带来负的影响效应。

6. 经济开放度。经济开放度（open）为人均实际利用外商直接投资额除以全社会固定资产投资的比值。经济开放度高的地区往往拥有更好的私有产权保护制度和市场化的资源配置手段，地方政府的行为会受到严格制约，征地、拆迁等行为会受到一定程度的遏制。

二、 数据来源及处理

以 2003—2015 年全国 287 个地级（含以上）城市为研究对象，选择市级层面数据开展定量研究。为了统一量纲，部分变量在模型中做对数变换处理。所使用的土地数据来自相关年份的《中国国土资源年鉴》，进行价格指数平减的相关数据来自相关年份的《中国区域经济统计年鉴》，其余的社会经济数据全部取自历年的《中国城市统计年鉴》。表 3-1 给出了本节所使用的各变量的含义与描述性统计结果。

表 3-1　主要变量的含义及描述性统计结果

变量名称	说明	均值	标准差	中位数	最小值	最大值
lny	人均土地出让金收入对数	6.3178	1.7458	6.1643	-1.1435	10.0098
lngdp	人均 GDP 对数	9.4527	1.6633	9.5398	4.5654	11.8984
fgap	预算内财政收支缺口	1.7538	1.5725	1.3875	-0.1635	26.2451
url	人口城市化水平	0.2967	0.2584	0.2735	0.0027	0.9958
uol	土地城市化水平	0.0154	0.0496	0.0086	0.0001	0.1942
s2g	第二产业比重	0.4978	0.1287	0.4613	0.0896	0.9576
t2g	第三产业比重	0.3925	0.0906	0.3098	0.0894	0.8859
lnden	人口密度对数	-3.138	0.9765	-3.3326	-7.6658	0.0094
open	经济开放度	0.0509	0.1250	0.0107	0	2.9436

三、 土地财政指标影响因素的回归结果

表 3-2 为对式（3-1）进行静态面板模型估计的回归结果。其中，方程（1）考察了人均 GDP、预算内财政收支缺口、人口密度和经济开放度对于人均土地出让金收入的影响，方程（2）—（5）在其基础上分别增加了对于人口城市化水平、土地城市化水平、第二产业比重和第三产业比重这四个解释变量的考察，方程（6）则全面反映了各因素的影响情况。

从方程（1）至方程（6），各影响因素的显著性水平和符号方向始终保持一致，表明回归结果具有高度的稳健性。具体来看，人均 GDP 的对数（lngdp）显著为正，说明经济发展程度对于土地财政增长有着显著的正向促进作用，随着社会经济的持续发展和国民收入水平的持续提高，土地财政规模仍可能继续上升。预算内财政收支缺口（fgap）在方程（1）—（6）中虽然符号为正，但均不显著，说明在 2003—2015 年的研究期内，预算内财政收支缺口对于土地财政增长的影响程度非常有限，这也在一定程度上印证了李郇

等（2013）的研究结论。李郇等（2013）运用 1998—2008 年 240 个城市的数据进行时空动态面板模型估计发现，1998—2003 年的地方财政缺口对于土地财政增长有着显著为正的拉动作用，但是在 2003 年开始实施《招标拍卖挂牌出让国有土地使用权的规定》之后，财政缺口对于土地财政收入的正向作用明显减弱。本研究的研究结论也证实预算内财政收支缺口不足以解释 2003 年之后土地财政收入持续高速增长的事实①。

表 3-2　土地财政指标影响因素的回归结果

	（1）	（2）	（3）	（4）	（5）	（6）
lngdp	1.4524*** (0.0392)	1.2749*** (0.0765)	1.1965*** (0.1356)	1.4082*** (0.0351)	1.2291*** (0.0278)	0.8765*** (0.0503)
fgap	0.0375 (0.0276)	0.0462 (0.0243)	0.0874 (0.2398)	0.0162 (0.0227)	0.0307 (0.0221)	0.0241 (0.0229)
url		-2.5468*** (0.3082)				-2.9765*** (0.3058)
uol			2.9476*** (0.3908)			1.7549*** (0.4561)
s2g				4.9547*** (0.4873)		4.6391*** (0.4461)
t2g					0.6461*** (0.0708)	3.7549*** (0.7644)
den	-0.6496*** (0.0892)	-0.8461*** (0.0886)	-0.8903*** (0.0783)	-0.4905*** (0.0764)	-0.6581*** (0.0792)	-0.6072*** (0.0885)
open	-1.3462*** (0.1821)	-1.2938*** (0.1813)	-1.1470*** (0.1946)	-1.3527*** (0.1789)	-1.1734*** (0.1904)	-1.2085*** (0.1765)
Constant	-9.754*** (0.5103)	-6.7649*** (0.5969)	-9.1348*** (0.5647)	-8.3681*** (0.5638)	-9.2191*** (0.5578)	-7.6548*** (0.5265)
样本量	3731	3731	3731	3731	3731	3731

注：（1）括号内的数字为标准误；（2）***、** 和 * 分别代表显著性水平为 1%、5% 和 10%。

---

① 由分税制所导致的地方财政收支缺口通常被视为地方政府土地财政依赖症的根源之一，本研究的研究结论在一定程度上证伪了这一判断。

人口城市化水平（url）对于土地财政收入的影响显著为负，而土地城市化水平（uol）的影响则显著为正，表明人口城市化与土地城市化之间存在不协调现象。朱凤凯等（2014）认为，对于地方政府来说，土地城市化的收益要远大于成本，而人口的非农化则是有成本、无收益的，这就使得土地城市化的速率要高于人口非农化的速率，并且，这种不协调的城市化现象已从东部地区扩展至全国范围。

第二产业比重（s2g）和第三产业比重（t2g）均显著为正，表明随着第二、三产业的发展，工业用地和商住用地的引致需求不断增加，引发土地财政收入的快速增长，工业化和城市化二者之间的互动关系是土地财政增长的源泉。

从方程（6）来看，第二产业比重的系数值要高于第三产业比重的系数值，说明工业用地需求对于土地财政增长的贡献要高于来自商住用地的需求。

人口密度（den）和经济开放度（open）对于土地财政收入的影响均显著为负，表明人口密度和经济开放度水平的提高能够显著抑制土地财政增长。这一方面是由于地方政府的征地拆迁需要承担更高的成本，另一方面是由于在人口密度和经济开放度水平较高的地区，地方政府更容易获得稳定增长的税收收入，对于土地财政的依赖度也会相应下降。

综合上述分析，本节将在排除预算内财政收支缺口（fgap）这一不显著变量之后，选择其余七个解释变量进行下一步的土地财政区域差异成因分解。

四、 土地财政区域差异影响因素的贡献度

对式（3-1）的回归分析解释了土地财政指标的影响因素，但是，这些因素对于土地财政区域差异的贡献需要通过 Shapley 值分解法获取。基于表3-2的回归结果，可以使用模型拟合值来量化土地财政指标的区域差异，但

是，可能影响土地财政指标的各类因素并没有完全纳入模型中，本节所计算得出的拟合值只能部分解释土地财政指标的区域差异性。以 2003—2015 年的全部样本数据为例，模型可以解释大约 63.87% 的区域差异性，分年度模型拟合值的解释力度也均在 60% 以上，说明本节的回归模型解释力较好。

根据式（3-2）所列的分解方程，2003—2015 年全国层面土地财政区域差异成因的贡献分解结果表明（表 3-3）[①]：首先，第二产业比重的影响贡献最大，在 2003—2015 年的十三年间，其平均贡献水平达到了 36.52%。由于工业化进程是影响土地财政收入的重要因素，第二产业越发达的地区越容易获得更高的土地出让金收入，进而显著扩大了土地财政指标在各地区间的差异。其次，地区经济发展水平对土地财政指标区域差异的平均贡献为 32.04%。这与本书的预期相符，由于在人均 GDP 越高的地区，经济发展对于土地资源的需求越为旺盛，地方政府在城市土地一级市场上也相应能取得更高的出让价格。最后，第三产业比重在总体样本中的贡献为 15.96%，这一方面可能由于我国第三产业尚欠发达，对于土地财政收入的贡献有限；另一方面可能因为商住用地在一级市场上虽然价格更高，但是其总体出让规模要明显小于工业用地。

表 3-3　2003—2015 年中国土地财政区域差异成因的贡献分解

年份	地区经济发展水平		人口城市化水平		土地城市化水平		第二产业比重		第三产业比重		人口密度		经济开放度	
	贡献度（%）	排序	贡献度（%）	排序	贡献度（%）	排序	贡献度（%）	排序	贡献度（%）	排序	贡献度（%）	排序	贡献度（%）	排序
2003	18.21	3	4.43	6	24.49	2	26.66	1	17.41	4	7.19	5	1.62	7
2004	21.04	2	4.26	7	16.94	4	27.43	1	17.14	3	8.81	5	4.39	6
2005	41.18	1	3.21	6	20.62	2	18.54	3	6.19	5	8.64	4	1.62	7

[①] 表 3-3 所汇报的分解结果，是对 2003—2015 年的总体样本以及每一年的分样本分别进行基于回归的 Shapley 值分解，因此，采用总体样本进行分解所得出的结果并不是每一年分解结果的简单算术平均。

续表

年份	地区经济发展水平		人口城市化水平		土地城市化水平		第二产业比重		第三产业比重		人口密度		经济开放度	
	贡献度（%）	排序	贡献度（%）	排序	贡献度（%）	排序	贡献度（%）	排序	贡献度（%）	排序	贡献度（%）	排序	贡献度（%）	排序
2006	34.86	1	3.58	7	6.90	5	25.97	2	11.94	4	12.23	3	4.52	6
2007	25.36	1	8.98	5	7.65	6	21.60	2	16.69	3	12.94	4	6.78	7
2008	23.53	3	8.29	4	6.21	5	26.08	2	28.41	1	2.33	7	5.16	6
2009	19.77	3	6.92	4	4.44	7	30.64	1	27.05	2	4.70	6	6.46	5
2010	21.44	3	8.20	4	5.08	6	31.85	1	25.28	2	1.64	7	6.52	5
2011	23.12	3	13.46	4	4.71	5	29.31	1	23.98	2	4.61	6	0.80	7
2012	14.09	4	23.78	2	0.94	7	27.00	1	23.06	3	2.37	6	8.77	5
2013	13.25	4	22.59	2	2.32	7	29.61	1	20.07	3	5.24	6	6.92	5
2014	21.84	3	7.27	5	3.76	6	25.63	2	30.17	1	1.81	7	9.52	4
2015	28.63	2	7.96	5	4.19	6	33.45	1	16.52	3	5.93	5	3.32	7
2003—2015	32.04	2	5.86	4	3.31	6	36.52	1	15.96	3	4.71	5	1.60	7

注：排序是指对土地财政区域差异形成的影响因素进行排序，最重要的影响因素排名第1，最不重要的因素则排名第7。

以上三个影响因素属于第一梯队，人口城市化水平、人口密度、土地城市化水平和经济开放度这四个影响因素则排在第二梯队。第二梯队因素对土地财政指标区域差异的平均贡献分别约为5.86%、3.31%、4.71%和1.60%。值得注意的是，本节所研究的七个解释变量对土地财政指标区域差异的影响均为正向作用，说明这七个因素都在整体上推动了土地财政区域差异的扩大，本节尚未发现能够显著抑制土地财政区域差异扩大的负向作用影响因素。

从时间维度来看，各因素对于区域差异的贡献具有显著不同的变化特征。第一，第二产业比重的贡献水平持续较高，且在2009年至2015年间（2014年除外）一直稳居第一位。第二，地区经济发展水平的贡献排序波动较大，从2003年的排名第三上升至2005年的排名第一，其后在2012年又下降至第四位。但是，在2014年和2015年，地区经济发展水平的贡献排名又有所回升。第三，第三产业比重的贡献排序从 2003 年的第四位波动上升至 2008 年第一位，其后又渐次下降至 2015 年的第三位，就总体变化情况而言，第三产业比重的贡献有着上升的趋势，这可能与我国近年来第三产业迅猛的发展势头有关。第四，土地城市化水平和经济开放度的贡献排序都呈下降的态势，而人口城市化水平的贡献排序则呈现波动上升的态势，人口密度的贡献排序则大体稳定。

对 2003—2015 年土地财政区域差异成因进行分区比较，结果表明（表3-4）：首先，在东部、中部和东北地区贡献度排名第一的影响因素均是地区经济发展水平；在西部地区贡献度排名第一的因素则是第二产业比重，这可能显示出东部、中部和东北地区与西部地区的土地财政由不同的主导力量推动。其次，在东部和西部地区排名第二的因素是第三产业比重，中部和东北地区排名第二的因素则是第二产业比重；并且第三产业比重这一因素在中部地区的贡献度只排至第六位，在东北地区更是退至第七位。其余各类影响因素在东部、中部、西部和东北地区的贡献水平和贡献排序也差异明显，这显示出相关政策的制定与具体执行还需要更为细致的分区域研究。

表 3-4 2003—2015 年土地财政区域差异影响因素分区比较

	东部地区		中部地区		西部地区		东北地区	
	贡献度（%）	排序	贡献度（%）	排序	贡献度（%）	排序	贡献度（%）	排序
地区经济发展水平	45.64	1	26.08	1	21.25	3	31.29	1
人口城市化水平	2.03	7	15.92	4	2.09	4	17.25	4
土地城市化水平	4.32	5	17.59	3	1.57	6	19.37	3
第二产业比重	15.53	3	20.53	2	47.54	1	24.82	2
第三产业比重	17.82	2	6.92	6	25.31	2	0.89	7
人口密度	3.45	6	4.89	7	1.72	5	1.17	6
经济开放度	11.21	4	8.07	5	0.52	7	5.21	5

五、　小结

基于 2003—2015 年中国 287 个地级（及以上）城市面板数据资料，本节系统考察了地方政府土地财政区域差异的影响因素，采用基于回归方程的 Shapley 值分解方法，定量分析了地区经济发展水平、人口城市化水平、土地城市化水平、第二产业比重、第三产业比重、人口密度和经济开放度等因素对于土地财政指标以及土地财政区域差异的影响和贡献程度。研究发现：

第一，面板回归结果表明，地区经济发展水平、土地城市化水平、第二产业比重和第三产业比重对于土地财政指标起到了显著的正向影响，但人口城市化水平、人口密度和经济开放度对土地财政指标的影响为负向作用，预算内财政收支缺口则未对土地财政指标产生实质性影响。

第二，Shapley 值分解结果显示：从全国层面看，第二产业比重及其所反映的工业化进程是导致土地财政区域差异的最重要因素，其对土地财政区域差异的贡献达到了 36.52%；地区经济发展水平与第三产业比重是仅次于第二产业比重的影响因素，它们对土地财政区域差异的贡献分别达到了 32.04% 和 15.96%；人口城市化水平、人口密度、土地城市化水平和经济开放度这四个因素的贡献度虽然较小，但仍然不可忽视；本节没有发现能够有效抑制土地财政区域差异的影响因素。

第三，在我国东部、中部、西部和东北四大地区，土地财政区域差异性的决定因素存在较大差异，东部、中部和东北地区的决定因素是地区经济发展水平，而西部地区则为第二产业比重，其余各类因素的贡献水平和贡献排序也存在不同之处。

需要说明的是，由于模型的适用性及指标量化上的困难，本节未能考虑更多的土地财政影响因素，如相邻地区间的空间相互作用、地方政府间的横向竞争模仿、官员晋升激励、房地产市场景气状况、地方政府对于土地财政的惯性依赖、土地资源配置的市场化进程、农村集体建设用地的入市、城乡二元分割的土地制度等。因此，本节的研究结论不能过度外推，特定地区的土地财政区域差异影响因素研究，应在其现实背景下开展深入分析。

第三节　地方政府土地财政与其影响因素的互动

本研究认为，一方面，土地财政促进了基础设施建设和城市化进程，吸引了第二、三产业投资，提高了人均 GDP，弥补了财政缺口等。另一方面，随着基础设施的完善、城市进一步繁荣、城市人口收入增加，会聚集更多的人流、物流和资金流，从而提高了单位面积城市土地价格，土地出让金收入增加，构成地方政府财政收入；地方政府通过支出土地出让金进一步改善基础设施和公共设施，从而进一步吸引第二、三产业投资，促进人均 GDP 等进一步提高。因此，土地财政与其影响因素之间可能存在相互作用关系。本节将采用 PVAR 模型，研究土地财政与其影响因素的互动关系。

一、　PVAR 模型概述

事先指定因变量和自变量的单向回归无法解决变量之间的双向互动影响的内生性问题，为克服以上缺陷，本书选用面板 VAR 模型（PVAR）研究土地财政与其影响因素之间的互动关系。Sims（1980）基于数据统计性质建立起向量自回归（VAR）模型，该模型是一种非结构化模型，不需要事先探寻变量之间内在的逻辑关系，也不需考虑变量内生、外生及因果关系的问题，而是把所有变量看成一个内生系统来处理，所有变量的滞后项均考察在内，能够真实反映变量间的互动关系。经过学者们在实践中不断优化、完善，形成了与 VAR 相关的一系列模型，如结构向量自回归模型（SVAR）、向量误差修正模型（VECM）、面板向量自回归模型（PVAR）、扩增因子向量自回归模型（FAVAR）。

本研究采用 287 个地级市 2003—2015 年的数据，属于平行面板数据。

由于面板数据跨度时间短，往往无法满足 VAR 模型的要求，同时因为面板
数据中包含许多个体，截面间的异质性成为一个必须重视的问题，但 VAR
模型主要基于时间序列的区域内汇总数据，忽略了区域内各个个体的差异，
更不用说多个区域并存的情况。PVAR 模型是一个兼具时序分析与面板数据
分析优势的成熟模型，克服了面板数据截面大、时序短的问题（张艾莲等，
2016），与普通 VAR 模型相比，由于对数据的长度要求较低，以 T 代表时间
长度，p 为滞后项的阶数，只要 T≥p+3 便可对方程的参数进行估计。

二、　研究设计与数据说明

（一）模型构建

构建模型的一般形式：

$$Y_{it} = \alpha_i + \beta_t + \sum_{p=1}^{n} \Gamma_p Y_{it-p} + \varepsilon_{it} \quad i = 1, \cdots, N; \; t = 1 \cdots, T \qquad (3\text{-}3)$$

Y_{it} 为多元向量，本节中指人均土地出让金收入（y）及各种影响土地财政
区域差异的因素如人口城市化水平、土地城市化水平、第二产业比重、第三
产业比重、人均 GDP 对数等，根据研究问题的需要而变化。i 代表各地区，t
代表时间，Γ_p 为待估的滞后效应矩阵，Y_{it-p} 代表 p 阶滞后项。由于可能存在
区域异质性，所以在模型中加入 α_i 变量，代表地区固定效应，用来控制那些
与各个地市密切相关的特征因素。β_t 代表时间固定效应，用来控制变量的时
间趋势特征。ε_{it} 代表扰动项。

（二）研究思路

我们主要讨论土地财政与城市化、产业结构、经济发展水平、人口密
度、财政收支缺口等五个方面的互动关系。每种关系的研究步骤如下：

1. 面板数据平稳性检验及最优滞后阶数确定。平稳性检验使用的是基于
面板数据模型的单位根检验，研究采用的是针对共同单位根检验的 LLC 检验

和针对个体单位根检验的 IPS 检验，这两种检验方法中的原假设都是面板数据是含有单位根的（非平稳），因此如果两种检验的结果都表明拒绝，就可以认定该面板数据变量是平稳的。最优阶数综合考虑 AIC、BIC、HQIC 准则进行选择。

2. 模型参数的 GMM 估计。考虑 PVAR 模型的结构特征，对其进行估计。先消除模型的时间效应和个体效应，之后，采用广义矩估计（GMM）对 PVAR 模型进行估计，分析模型各变量之间在长期内相互影响的关系。

3. 在 PVAR 模型参数估计基础上，通过脉冲响应函数（IRF）观察内生变量的冲击对变量自身及其他内生变量的影响。

4. 进行格兰杰因果检验。

（三）数据说明

本节仍采用 2003—2015 年中国 287 个地级（及以上）城市面板数据，用人均土地出让金收入为土地财政指标的代理变量。因 PVAR 模型对数据量有一定的要求，而东北地区只有三个省份，为取得更好的实证效果，本节分区域研究时，只区分了东、中、西三大区域（把东北地区的辽宁划分到东部地区，吉林、黑龙江划分到中部地区）。所使用的数据来自相关年份的《中国国土资源年鉴》《中国区域经济统计年鉴》《中国城市统计年鉴》。

三、土地财政与城市化互动关系

（一）变量设定

研究分别以人口城市化水平和土地城市化水平来考察城市化进程，人口城市化水平表示为非农业人口占总人口的比重（url），而土地城市化水平表示为城市建成区面积占全市土地总面积的比重（uol）。构建 PVAR 模型为：

$$Y_{it} = \alpha_i + \beta_t + \sum_{p=1}^{n} \Gamma_p Y_{it-p} + \varepsilon_{it} \quad i = 1, \cdots, N; \ t = 1, \cdots, T \quad (3\text{-}4)$$

此时式（3-4）中 Y_{it} 为三元向量，即 $Y_{it} = (lny, uol, url)$，i 代表各地区，t 代表时间，Γ_p 为待估的滞后效应矩阵，Y_{it-p} 代表 p 阶滞后项。α_i 代表地区固定效应，β_t 代表时间固定效应，ε_{it} 代表扰动项。其中，lny 表示人均土地出让金收入对数，uol 代表土地城市化水平，url 代表人口城市化水平。

（二）数据平稳性检验

为了保证结果的稳健性，运用 LLC 检验、IPS 检验对各序列进行单位根检验，变量 lny 无法拒绝面板包含单位根原假设，经过一阶差分后平稳，检验结果如表 3-5 所示。

表 3-5　面板单位根检验结果

检验方法	lny	dlny	uol	url
LLC	−8.2369 （0.0000）	−44.9438 （0.0000）	−1.6e+02 （0.0000）	−25.4009 （0.0000）
IPS	9.6043 （1.0000）	−21.1894 （0.0000）	−17.2848 （0.0000）	−57.8232 （0.0000）

（三）面板矩估计（GMM）

首先，根据 AIC、BIC、HQIC 准则对模型的滞后结构进行检验，检验结果显示全国及东部最优滞后阶数为 3，中部、西部地区最优滞后阶数为 1，按照滞后阶数的选择，建立不同区域 PVAR 模型。运用前向均值差分过程消除时间效应。为消除个体效应，保证滞后变量与转换后的变量正交，进行 Helmert 转换（Helmert Transformation），转换后分别写成 L. h_ dlny、L. h_ uol、L. h_ url。表 3-6 为 GMM 估计得到的结果。

土地城市化（uol）与人均土地出让金（lny）的关系。①土地城市化对人均土地出让金的影响：不分区域及东部地区，土地城市化对人均土地出让金影响为正且显著；而中部及西部土地城市化对人均土地出让金的影响不显著；②人均土地出让金对土地城市化的影响：人均土地出让金对土地城市化的影响均不显著。

人口城市化（url）与人均土地出让金（lny）的关系。①人口城市化对人均土地出让金的影响：不分区域及东部地区，人口城市化对人均土地出让金（lny）有负向影响，且均在1%水平下显著，西部及中部地区不显著；②人均土地出让金对土地城市化的影响：全国及分区域，人均土地出让金对人口城市化均表现出正向且显著影响，不存在分区域差别。

表 3-6　GMM 估计结果

	所有地区	东部地区	中部地区	西部地区
h_ dlny				
L. h_ dlny	−0.291*** (−7.01)	−0.417*** (−7.19)	−0.201*** (−3.72)	−0.120** (−2.36)
L. h_ uol	−34.448*** (−3.38)	−39.744*** (−3.58)	36.518 (0.74)	17.836 (1.27)
L. h_ url	−0.736 (−1.35)	−0.718 (−1.13)	−0.444 (0.41)	−0.076 (0.07)
L2. h_ dlny	−0.191*** (−3.69)	−0.229*** (−3.67)		
L2. h_ uol	−0.498 (−0.32)	0.017 (0.01)		
L2. h_ url	0.499* (1.77)	0.532 (1.33)		
L3. h_ dlny	−0.013 (−0.35)	0.008 (0.15)		
L3. h_ uol	2.644** (2.38)	3.372*** (2.81)		
L3. h_ url	−1.263*** (7.07)	−1.939*** (5.44)		
h_ uol				
L. h_ dlny	0.000 (0.91)	0.000 (0.18)	−0.000 (−0.28)	0.000 (0.08)

续表

	所有地区	东部地区	中部地区	西部地区
L. h_ uol	0.676 *** （7.22）	0.670 *** （7.03）	0.097 （0.17）	0.221 （0.58）
L. h_ url	−0.001 （−0.72）	−0.001 （−0.27）	−0.011 （−0.96）	−0.002 （−0.22）
L2. h_ dlny	0.000 （0.90）	0.000 （0.18）		
L2. h_ uol	0.025 （1.28）	0.016 （0.88）		
L2. h_ url	0.000 （0.15）	−0.002 （−0.60）		
L3. h_ dlny	0.000 （1.41）	0.000 （0.52）		
L3. h_ uol	0.006 （0.41）	0.008 （0.52）		
L3. h_ url	−0.002 （−1.62）	0.000 （0.12）		
h_ url				
L. h_ dlny	0.014 *** （3.57）	0.033 *** （5.55）	0.012 *** （2.67）	0.005 * （1.66）
L. h_ uol	0.413 （0.40）	1.456 （1.26）	6.506 （0.73）	2.741 （1.34）
L. h_ url	0.492 *** （3.77）	0.587 *** （5.05）	0.984 *** （5.15）	0.585 ** （2.35）
L2. h_ dlny	0.007 * （1.83）	0.016 ** （2.04）		
L2. h_ uol	−0.080 （−0.66）	−0.017 （−0.16）		
L2. h_ url	0.147 * （1.87）	0.116 （1.60）		
L3. h_ dlny	0.006 * （1.95）	0.003 （0.63）		
L3. h_ uol	0.001 （0.01）	−0.098 （−0.86）		
L3. h_ url	0.016 （0.46）	−0.079 *** （−3.24）		

注1：括号里面数值为对应变量的 t 统计值，其中 * 、 ** 、 *** 表示统计值在10%、5%和1%水平下显著。

　　然而，由于 PVAR 模型是结构模型，每一个变量都可以作为被解释变量，因而表 3-6 中单个变量系数估计都可能是有偏的，即系数的大小以及显著性水平并不能完全反映变量间的相互关系。因此在实证研究中需进一步对 PVAR 模型进行脉冲响应及格兰杰因果检验分析。

（四）基于 PVAR 模型的正交化脉冲响应

脉冲响应函数（IRF），用于追踪系统对一个内生变量的冲击效果，从而直观形象地反映出各变量之间的动态关系。具体来说，脉冲响应用来描述某个内生变量的随机误差项上施加一个标准大小的冲击后对所有内生变量的当期值和未来值所产生的影响。图 3-2、图 3-3、图 3-4、图 3-5 分别为全国和东、中、西部地区，经过蒙特卡罗模型 500 次冲击后得到的脉冲响应图，横轴表示研究追踪期数，研究考察了响应期数为 10 期的变化情况。纵轴代表内生变量对冲击的响应程度，中间曲线表示响应函数曲线，其外侧两条线代表 95% 置信区间的上限及下限。

1. 土地财政与土地城市化

土地城市化对人均土地出让金的影响：总体来看，土地城市化一个标准差的改变对人均出让金产生向下的负向冲击。从区域差异来看，东部、中部、西部均表现出正向影响，但不显著。人均土地出让金对土地城市化的影响：不分区域的情况下，人均土地出让金一个标准差的改变对土地城市化最初为负，2 期后变为正，但快速收敛于 0；在分区域情况下，东部、中部、西部的影响都表现为负。

通过以上分析发现：第一，土地城市化对土地财政的影响：不分区域情况下主要是负面的影响，分区域后东部、中部、西部均表现为正面影响，但不显著；第二，土地财政对土地城市化的影响，在不分区域情况下，影响由负到正，分区域后均为负面影响。

2. 土地财政与人口城市化

人口城市化对人均土地出让金的影响：不分区域情况下，人口城市化一

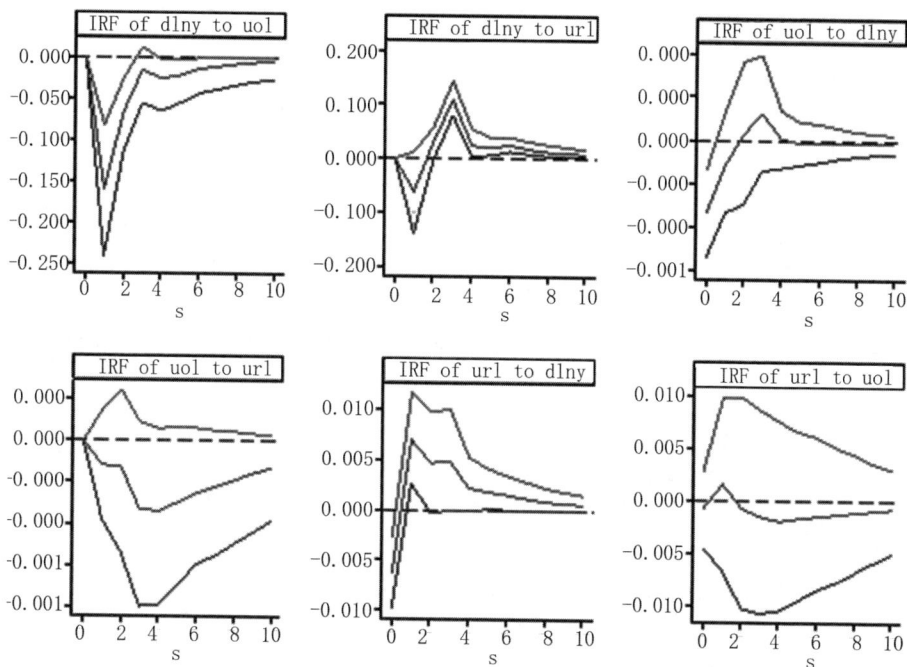

图 3-2 所有地区土地财政与城市化的脉冲响应结果

个标准差的改变对人均出让金最初影响为负，1 期后变为正，并收敛于 0。分区域后，东部地区主要表现为负向影响，虽 3 期左右变为正，过后仍变为负。中西部地区影响不显著。人均土地出让金对人口城市化的影响：不分区域的情况下，人均土地出让金一个标准差的改变对人口城市化最初为负，但逐渐变正，在 1 期达到正的最大值后，开始下降但始终为正，最后收敛于 0。分区域情况下，东部表现出先负后正又变负的波浪型走势。中部影响为正，西部不显著。

通过以上分析发现：第一，人口城市化对土地财政的影响，不分区域情况下由负变正，东部地区以负面影响为主，中西部地区则不显著。第二，土地财政对人口城市化的影响，不分区域情况下以正面影响为主，说明土地财政发展有利于人口城市化；东部地区土地财政与人口城市化的关系不确定，中部地区土地财政的发展促进了人口城市化。

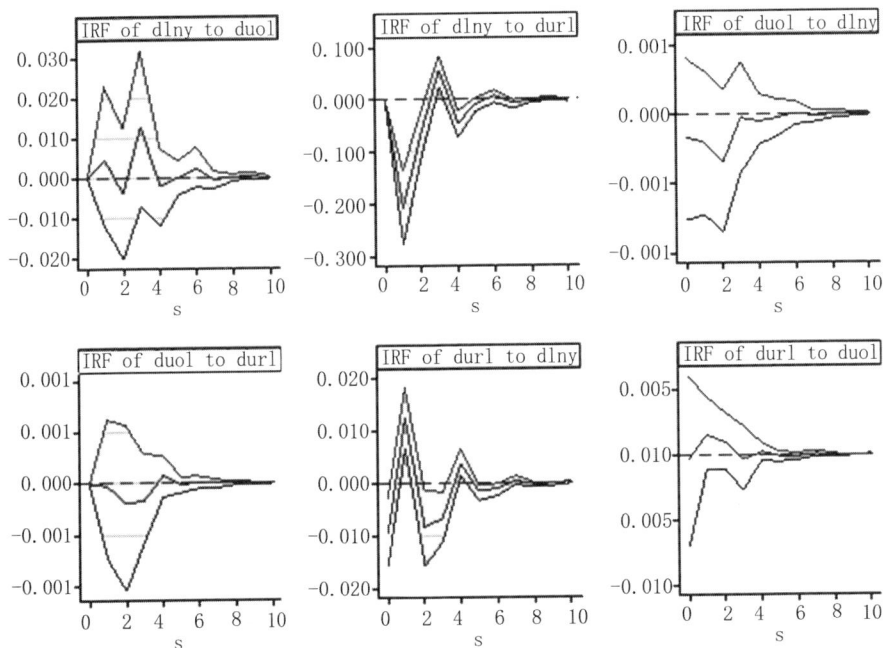

图 3-3　东部地区土地财政与城市化的脉冲响应结果

（五）格兰杰因果检验

表 3-7 反映出：第一，不分区域及东部地区表现出，土地城市化（uol）是人均土地出让金（lny）的原因；所有区域均表现出人均土地出让金（lny）不是土地城市化（uol）的原因，说明土地城市化与土地财政的互为因果关系不强。第二，不分区域及东部地区表现出，人口城市化（url）是人均土地出让金（lny）的原因，中、西部地区没有表现出这种关系；不分区域及分区域情况下，都表现出人均土地出让金（lny）是人口城市化（url）的原因。可见人口城市化与土地财政互为格兰杰因果关系，人口城市化发展，对住房、服务业的需求增加，而商住用地通过招拍挂的方式出让，因而增加了土地财政收入。同时，土地财政的增加，政府的财政收入增加，因而对公共服务等支出增加，促进了人口城市化的发展。

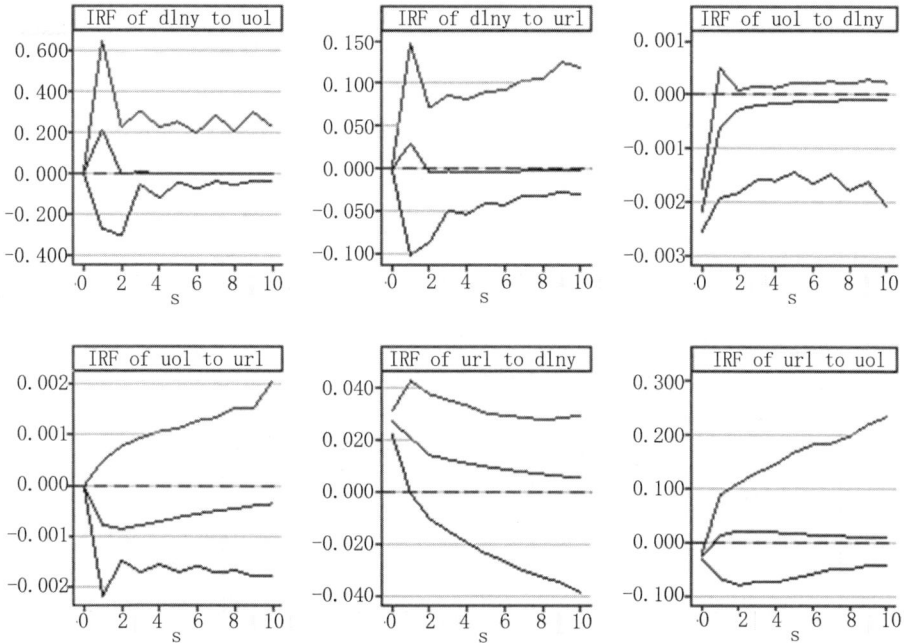

图 3-4 中部地区土地财政与城市化的脉冲响应结果

表 3-7 格兰杰因果检验结果

Equation	Excluded	所有地区			东部地区			中部地区			西部地区		
		chi2	df	Prob>chi2	chi2	df	Prob>chi2	chi2	df	Prob>chi2	chi2	df	Prob>chi2
h_dlny	h_uol	11.647	3	0.009	13.553	3	0.004	.54907	1	0.459	1.6237	1	0.203
h_dlny	h_url	51.411	3	0.000	49.554	3	0.000	.16518	1	0.684	.00435	1	0.947
h_dlny	ALL	65.135	6	0.000	67.213	6	0.000	.92708	2	0.629	1.7023	2	0.427
h_uol	h_dlny	1.9885	3	0.575	.45397	3	0.929	.07913	1	0.778	.00656	1	0.935
h_uol	h_url	3.5422	3	0.315	.69386	3	0.875	.92192	1	0.337	.04711	1	0.828
h_uol	ALL	4.4838	6	0.612	.90256	6	0.989	.94102	2	0.625	.05696	2	0.972
h_url	h_dlny	12.926	3	0.005	45.768	3	0.000	7.118	1	0.008	2.7715	1	0.096
h_url	h_uol	.61939	3	0.892	1.6294	3	0.653	.53381	1	0.465	1.7838	1	0.182
h_url	ALL	14.626	6	0.023	47.321	6	0.000	7.6428	2	0.022	3.606	2	0.165

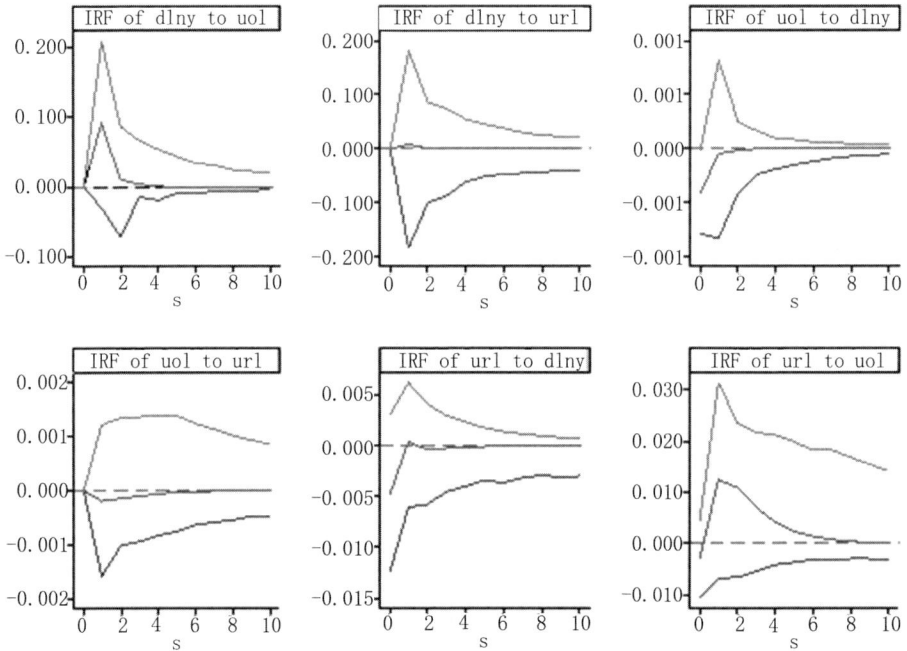

图 3-5　西部地区土地财政与城市化的脉冲响应结果

四、 土地财政与产业结构互动关系

（一）变量选择

具体变量有：人均土地出让金收入对数（lny）；第二产业比重（s2g）即第二产业产值占地区生产总值的比重；第三产业比重（t2g），即第三产业产值占地区生产总值的比重。具体构建的模型为：

$$Y_{it} = \alpha_i + \beta_t + \sum_{p=1}^{n} \Gamma_p Y_{it-p} + \varepsilon_{it} \quad i = 1, \cdots, N; \ t = 1\cdots, T$$

Y_{it} 为三元向量，即 $Y_{it} = (lny, s2g, t2g)$，i 代表各地区，t 代表时间，Γ_p 为待估滞后效应矩阵，Y_{it-p} 代表 p 阶滞后项。α_i 代表地区固定效应，β_t 代表时间固定效应，ε_{it} 代表扰动项。其中，lny 表示人均土地出让金收入对数，$s2g$ 代表第二产业水平，$t2g$ 代表土地城市化水平。

（二）面板矩估计（GMM）

用 LLC 检验、IPS 检验对各序列进行单位根检验，变量 lny、s2g 无法拒绝面板包含单位根原假设，经过一阶差分后平稳，检验结果如表 3-8 所示。

表 3-8　面板单位根检验结果

检验方法	lny	dlny	s2g	ds2g	t2g
LLC	−8.2369 (0.0000)	−44.9438 (0.0000)	−15.5709 (0.0000)	−45.0477 (0.0000)	−22.7703 (0.0000)
IPS	9.6043 (1.0000)	−21.1894 (0.0000)	1.2268 (0.8900)	−15.4032 (0.0000)	−4.4992 (0.0000)

根据 AIC、BIC、HQIC 准则进行判断，不分区域及划分区域后最优滞后阶数均为 2。运用前向均值差分过程消除时间效应。为保证滞后变量与转换后的变量正交，进行 Helmert 转换（Helmert Transformation），表 3-9 中的变量均为转换后的变量，分别写成 L. h_ dlny、L. h_ ds2g、L. h_ t2g。

GMM 估计结果表明（表 3-9）：第一，第二产业与土地财政关系。总体上来看，第二产业（s2g）对人均土地出让金（lny）影响不显著；从不同区域来看，只有东部地区在 10% 水平下正显著，中西部地区影响不显著。人均土地出让金对第二产业影响：不分区域情况下，人均土地出让金对第二产业的影响为正且显著；分区域后，东、中部地区仍然表现出正向显著的影响，西部地区影响也为正，但不显著。说明土地财政的发展有利于第二产业的提升，并且这种影响分区域差别很小。

表 3-9 GMM 估计结果

	所有地区	东部地区	中部地区	西部地区
h_ dlny				
L. h_ dlny	−0. 237 *** (−4. 66)	−0. 303 *** (−4. 48)	−0. 297 *** (−5. 27)	−0. 143 ** (−2. 56)
L. h_ ds2g	−2. 145 (−0. 84)	−12. 571 * (−1. 84)	1. 494 (0. 90)	0. 722 (0. 28)
L. h_ t2g	29. 835 *** (3. 40)	−33. 756 *** (−3. 13)	3. 889 (1. 63)	3. 928 (1. 21)
L2. h_ dlny	−0. 152 *** (−3. 51)	−0. 210 *** (−3. 22)	−0. 162 *** (−4. 11)	−0. 171 ** (−2. 45)
L2. h_ ds2g	0. 313 (0. 25)	−5. 798 *** (−3. 22)	−0. 339 (−0. 39)	0. 419 (0. 26)
L2. h_ t2g	1. 608 (0. 63)	9. 358 (1. 36)	0. 130 (0. 07)	−2. 573 (−0. 93)
h_ ds2g				
L. h_ dlny	0. 003 ** (2. 13)	0. 004 *** (2. 94)	0. 005 ** (2. 45)	0. 001 (0. 84)
L. h_ ds2g	0. 263 ** (2. 35)	0. 667 *** (3. 80)	0. 183 *** (2. 74)	0. 190 *** (3. 29)
L. h_ t2g	1. 515 *** (5. 57)	0. 647 ** (2. 34)	0. 547 *** (5. 23)	0. 548 *** (6. 16)
L2. h_ dlny	0. 001 (0. 50)	0. 000 (0. 33)	−0. 000 (−0. 21)	0. 001 (0. 63)
L2. h_ ds2g	0. 089 ** (2. 24)	−0. 003 (−0. 09)	0. 041 (0. 99)	0. 042 (1. 20)
L2. h_ t2g	−0. 235 ** (−1. 97)	−0. 658 *** (−3. 76)	−0. 085 (−1. 13)	−0. 212 *** (−3. 47)
h_ t2g				
L. h_ dlny	−0. 002 *** (−3. 22)	−0. 003 ** (−2. 48)	−0. 002 ** (−2. 06)	−0. 001 (−0. 99)
L. h_ ds2g	−0. 206 *** (−5. 30)	−0. 521 *** (−3. 43)	−0. 077 ** (−2. 18)	−0. 165 *** (−3. 19)
L. h_ t2g	0. 672 *** (5. 76)	0. 063 (0. 26)	0. 777 *** (13. 46)	0. 534 *** (8. 04)

续表

	所有地区	东部地区	中部地区	西部地区
L2. h_ dlny	0.001 (1.61)	0.001 (1.16)	0.002 ** (2.01)	−0.000 (−0.52)
L2. h_ ds2g	−0.000 (−0.02)	−0.041 (−1.61)	0.015 (0.50)	−0.001 (−0.04)
L2. h_ t2g	0.175 *** (3.93)	0.479 *** (3.10)	0.012 (0.28)	0.163 *** (2.86)

注：括号里面数值为对应变量的 t 统计值，其中 * 、 ** 、 *** 表示统计值在 10%、5% 和 1% 水平下显著。

第二，第三产业与土地财政关系。第三产业（t2g）对人均土地出让金（lny）影响：不分区域时，滞后一阶情况下，表现为正向影响且显著；分区域后，东部地区为负向影响且显著，中、西部地区不显著。人均土地出让金对第三产业影响：不论是否分区域，都表现为负向影响，但西部地区不显著。

通过以上分析发现，第二产业对土地财政影响不大，第三产业对土地财政为正向影响，说明第三产业的发展会引发土地财政的增加。不论是否分区域，土地财政对第二产业的影响均为正，但对第三产业的影响为负。

（三）基于 Panel-VAR 模型的正交化脉冲响应

图 3-6—图 3-9 分别为所有地区、东部、中部及西部地区经过蒙特卡罗模型 500 次后得到的分区域脉冲响应图。横轴表示研究追踪期数，研究考察了响应期数为 10 期的变化情况，纵轴代表内生变量对冲击的响应程度，中间曲线表示响应函数曲线，其外侧两条线代表 95% 置信区间的上限及下限。

根据不同区域的脉冲响应图，可观察到：

1. 土地财政对第二产业冲击的反应：不分区域时，第二产业一个标准差改变对人均土地出让金产生负向影响，最后收敛于 0。分区域后，东部地区第二产业改变对人均土地出让金产生正向冲击，中部地区表现为负向冲击，

Impulse-responses for 2 lag VAR of dlny ds2g t2g

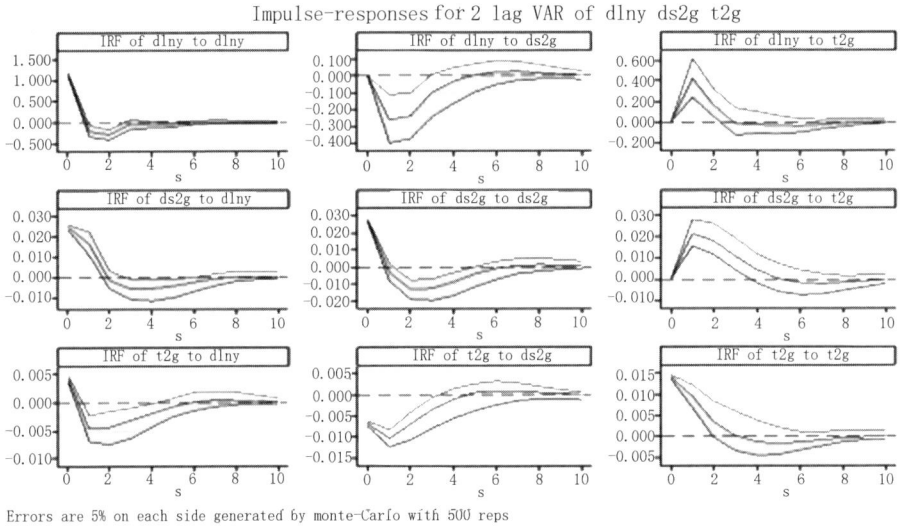

Errors are 5% on each side generated by monte-Carlo with 500 reps

图 3-6　所有地区土地财政与产业结构的脉冲响应结果

Impulse-responses for 2 lag VAR of dlny ds2g t2g

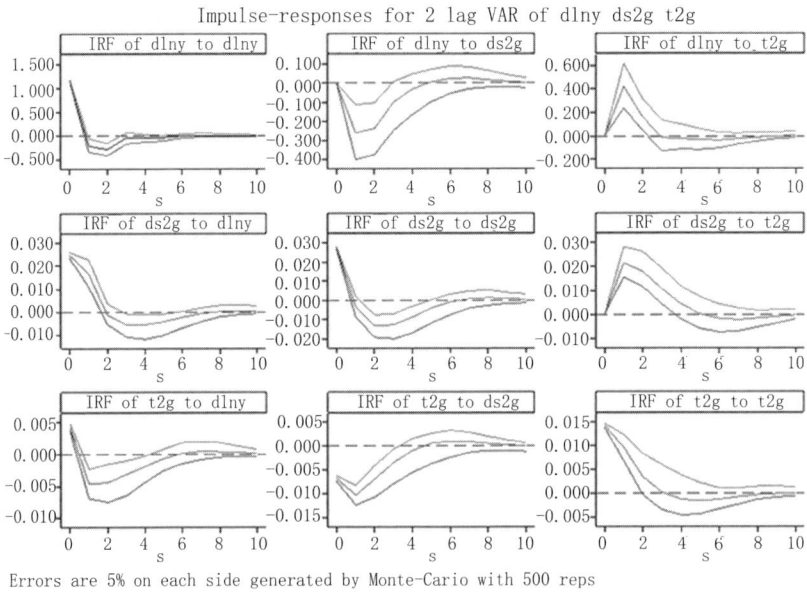

Errors are 5% on each side generated by Monte-Cario with 500 reps

图 3-7　东部地区土地财政与产业结构的脉冲响应结果

西部地区也表现出负向冲击但不显著。第二产业对土地财政冲击的反应：不分区域时，人均土地出让金一个标准差改变，对第二产业首先产生向下的正

Impulse-responses for 2 lag VAR of dlny ds2g t2g

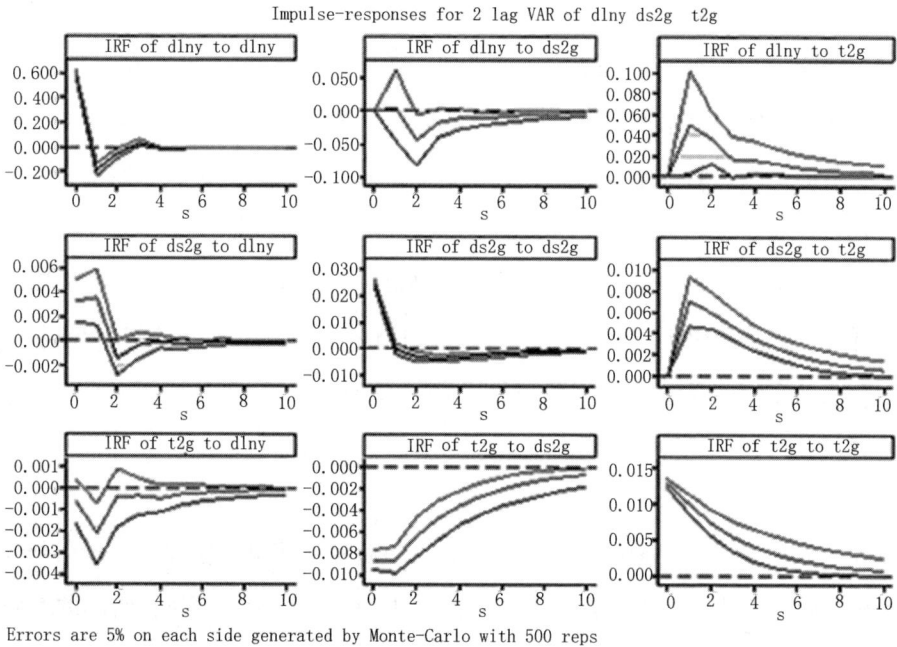

Errors are 5% on each side generated by Monte-Carlo with 500 reps

图 3-8　中部地区土地财政与产业结构的脉冲响应结果

Impulse-responses for 2 lag VAR of dlny ds2g t2g

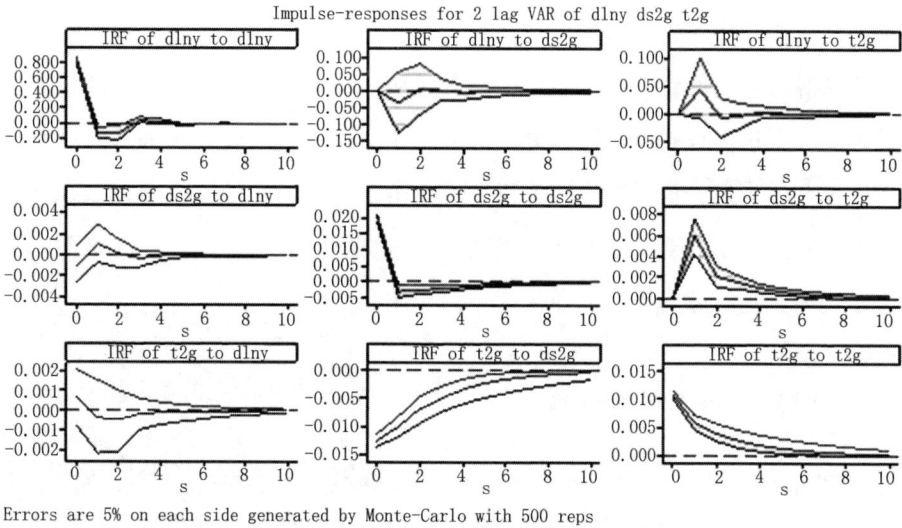

Errors are 5% on each side generated by Monte-Carlo with 500 reps

图 3-9　西部地区土地财政与产业结构的脉冲响应结果

向影响，2 期后影响变为负，最后收敛于 0。分区域后，东部地区，表现为正向影响，趋势为先升后降，中部地区，最初影响为正，1 期后变为负。

从脉冲响应结果可以看出，不分区域情况下，第二产业对土地财政的表现为负面影响，而土地财政对第二产业总体表现为正面影响，但经过一段时间发展，对第二产业的影响减弱。分区域来看，东、中、西部表现有所区别，东部地区第二产业对土地财政的影响为正，土地财政对第二产业的影响同样为正，表现出土地财政与第二产业的良性互动。中部地区第二产业对土地财政的影响为负，土地财政对第二产业的影响首先是正向影响，后变为负。西部地区总体显著性不强。

2. 土地财政对第三产业冲击的反应：不分区域时，第三产业一个标准差改变对人均土地出让金产生正向影响，3 期后收敛于 0。分区域后，东部地区的影响最初为负，2 期后变为正，但又很快减小为 0。中部、西部的影响均为正；第三产业对土地财政冲击的反应：不分区域时，人均土地出让金一个标准差改变对第三产业的影响，最初为正，但很快变为负。分区域后，东部地区也表现出由正到负，以负向影响为主。中部、西部也是负向影响。

从脉冲响应的结果可以看出，不分区域时，第三产业对土地财政产生正面影响，促进土地财政发展。分区域后，中、西部也表现为正向影响，东部地区虽开始为负，但后期也变为正，因此第三产业对土地财政总体表现出促进作用。土地财政对第三产业的影响，不论是否分区域，均以负向影响为主，说明土地财政对第三产业具有反向作用。

（四）格兰杰因果检验

表 3-10 可以反映：（1）第二产业与土地财政的关系。不分区域时，第二产业与土地财政没有因果关系。分区域后，东部地区表现出第二产业与土地财政互为因果关系。中部地区，第二产业不是土地财政的因，土地财政是第二产业的因，表现为单向因果关系。西部地区第二产业与土地财政互不为

因果。（2）第三产业与土地财政的关系。不分区域时，第三产业与土地财政互为格兰杰因果关系。分区域后，东部、中部土地财政与第三产业互为因果，西部地区第三产业与土地财政之间没有表现出因果关系。

表 3-10　格兰杰因果检验结果

| Equation | Excluded | 所有地区 | | | 东部地区 | | | 中部地区 | | | 西部地区 | | |
		chi2	df	Prob>chi2	chi2	df	Prob>chi2	chi2	df	Prob>chi2	chi2	df	Prob>chi2
h_dlny	h_ds2g	.91682	2	0.632	11.21	2	0.004	.99885	2	0.607	.09595	2	0.953
h_dlny	h_t2g	11.727	2	0.003	42.497	2	0.000	5.1977	2	0.074	1.895	2	0.388
h_dlny	ALL	12.829	4	0.012	42.721	4	0.000	8.7274	4	0.068	3.3689	4	0.498
h_ds2g	h_dlny	4.5844	2	0.101	9.2923	2	0.010	8.1336	2	0.017	.98618	2	0.611
h_ds2g	h_t2g	32.128	2	0.000	47.369	2	0.000	41.276	2	0.000	38.921	2	0.000
h_ds2g	ALL	38.566	4	0.000	61.369	4	0.000	43.605	4	0.000	40.165	4	0.000
h_t2g	h_dlny	13.596	2	0.001	10.985	2	0.004	11.006	2	0.004	1.2118	2	0.546
h_t2g	h_ds2g	28.068	2	0.000	12.952	2	0.002	5.2053	2	0.074	12.912	2	0.002
h_t2g	ALL	42.88	4	0.000	24.877	4	0.000	19.523	4	0.001	14.386	4	0.006

五、　其他因素与土地财政互动关系

以上重点分析了城市化与土地财政、产业结构与土地财政的互动关系，除这两者外，导致土地财政区域差异的因素还有很多。下面本书将分别分析经济发展水平、人口密度及财政收支缺口与土地财政互动关系，仍然采用PVAR 模型，模型原理、方法及分析过程以上已有详细介绍，操作过程与之前也完全相同，为避免重复，接下来的分析将主要阐述模型运行结果，过程均简化处理。

（一）经济发展水平与土地财政互动关系

1. 面板矩估计（GMM）

经济发展水平用变量人均 GDP 对数（lngdp）表示。用 LLC 检验、IPS 检验对各序列进行单位根检验，变量 lny、lngdp 无法拒绝面板包含单位根原假设，经过一阶差分后平稳，变量分别为：dlny、dlngdp。运用前向均值差分过程消除时间效应，并进行 Helmert 转换，表 3-11 中的变量均为转换后的变量。根据 AIC、BIC、HQIC 准则进行判断，不分区域时最优滞后阶数为 3，分区域后东部、中部、西部地区的最优滞后阶数分别为 3、1、1。

表 3-11　GMM 估计结果

	所有地区	东部地区	中部地区	西部地区
h_ dlny				
L. h_ dlny	−0.164 *** (−4.25)	−0.197 *** (−3.33)	−0.197 *** (−3.24)	−0.122 * (−1.70)
L. h_ dlngdp	2.403 ** (2.11)	1.324 ** (2.18)	6.902 (1.09)	1.226 (0.09)
L2. h_ dlny	−0.119 *** (−2.62)	−0.080 (−1.33)		
L2. h_ dlngdp	2.270 ** (1.99)	1.220 ** (1.98)		
L3. h_ dlny	0.051 (1.45)	0.115 ** (2.32)		
L3. h_ dlngdp	1.505 (1.41)	0.697 (1.18)		
h_ dlngdp				
L. h_ dlny	0.006 *** (4.94)	0.012 *** (6.48)	0.001 (0.38)	0.003 (1.21)
L. h_ dlngdp	0.072 (1.55)	0.047 (1.45)	0.176 (0.60)	0.049 (0.10)

续表

	所有地区	东部地区	中部地区	西部地区
L2. h_ dlny	0.002** (2.21)	0.005** (2.55)		
L2. h_ dlngdp	0.062* (1.65)	0.044 (1.53)		
L3. h_ dlny	0.004*** (3.76)	0.006*** (3.49)		
L3. h_ dlngdp	0.038 (1.47)	0.025 (1.40)		

注：括号里面数值为对应变量的 t 统计值，其中 *、**、*** 表示统计值在 10%、5% 和 1% 水平下显著。

根据表 3-11 中的信息：第一，不分区域情况下，GDP 对数（lngdp）对人均土地出让金（lny）在滞后 1、2 期时，均表现出正向且显著影响。分区域后，只有东部地区表现出正向且显著影响，中、西部地区虽是正向影响但不显著。第二，人均土地出让金对 GDP 对数的影响：不分区域情况下，人均土地出让金对 GDP 对数的影响为正，且显著；分区域后，东部表现出正向影响，中、西部地区影响也为正，但不显著。

通过以上分析发现，经济发展水平的提升有利于土地财政的发展，而土地财政的发展也有利于经济发展水平的提升，两者是互相促进的关系。分区域后，东部地区仍表现出互相促进关系，中、西部地区则不显著。

2. 基于 PVAR 模型的正交化脉冲响应

图 3-10—图 3-13 分别为经过蒙特卡罗模型 500 次，响应期数为 10 期的脉冲响应图。

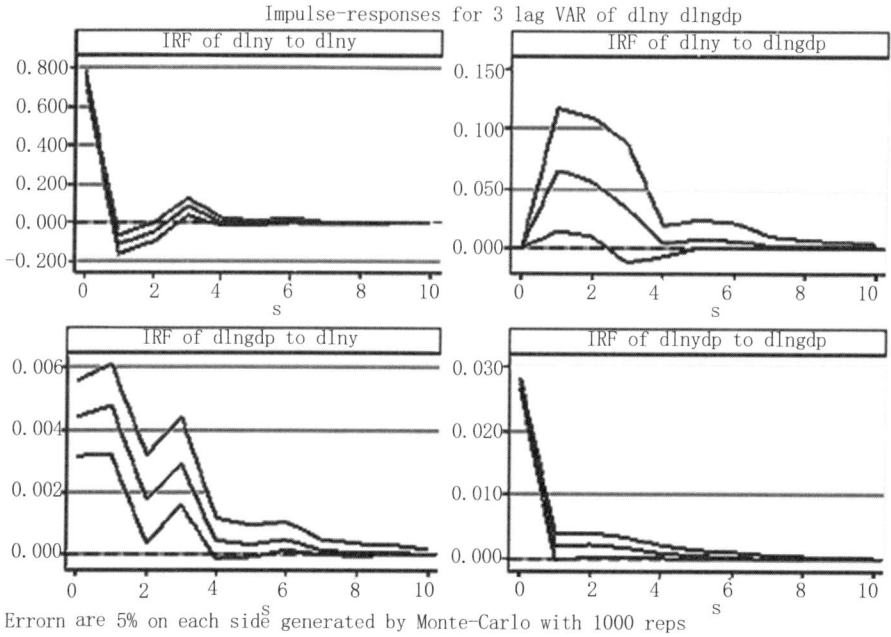

图 3-10　所有地区土地财政与经济发展水平的脉冲响应结果

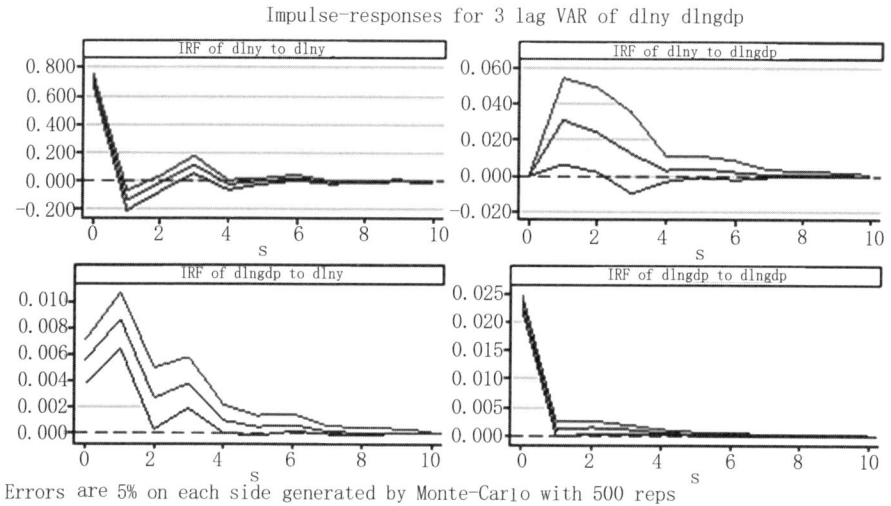

图 3-11　东部地区土地财政与经济发展水平的脉冲响应结果

根据脉冲响应图，可观察到：第一，不分区域时，GDP 对数（lngdp）

Impulse-responses for 1 lag VAR of dlny dlngdp

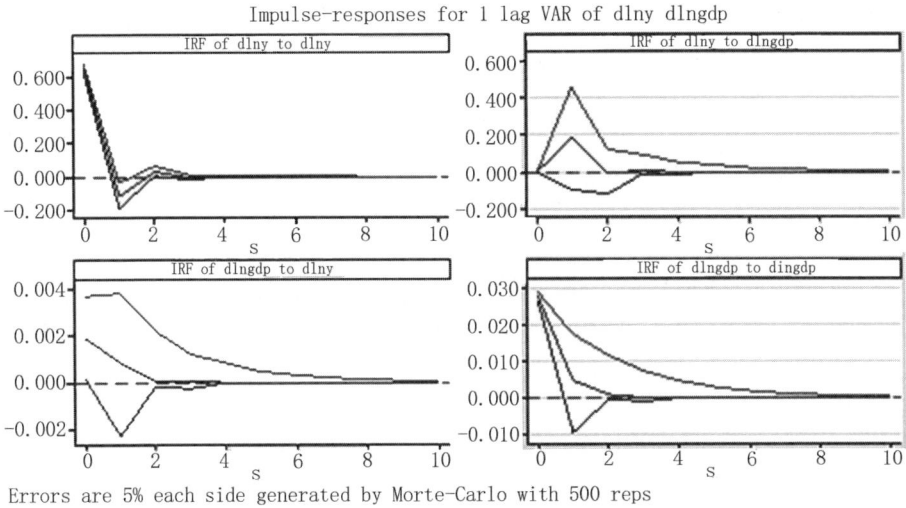

Errors are 5% each side generated by Morte-Carlo with 500 reps

图 3-12　中部地区土地财政与经济发展水平的脉冲响应结果

Impulse-responses for1 lag VAR of dlny dlngdp

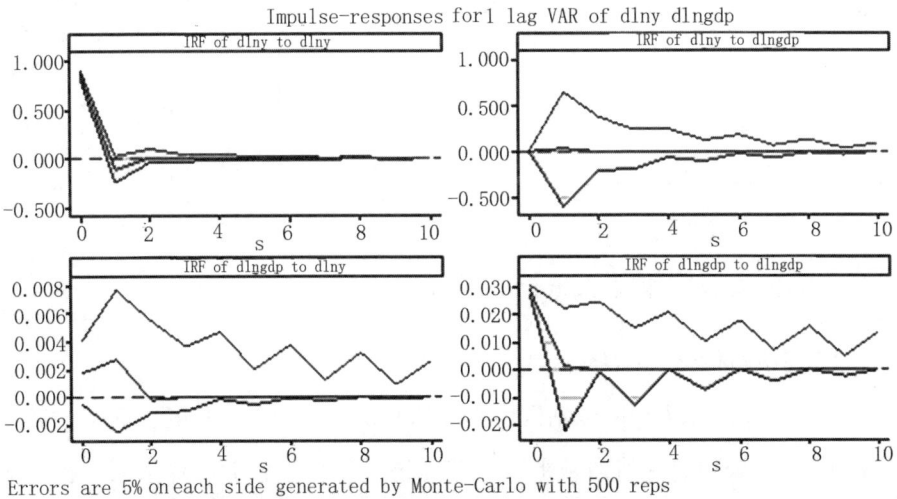

Errors are 5% on each side generated by Monte-Carlo with 500 reps

图 3-13　西部地区土地财政与经济发展水平的脉冲响应结果

一个标准差的改变，引起人均土地出让金对数（lny）先上升，后下降，最后收敛于 0，但影响始终为正。分区域后，东部地区与不分区域时的响应非常接近；中、西部地区的冲击反应不明显。第二，人均土地出让金对数对

GDP 对数的冲击，不分区域及分区域后的东部地区，表现出非常相似的正向冲击；中、西部的冲击也为正向，但不显著。

从脉冲响应的结果可以看出，土地财政对经济发展水平之间是同向的良性互动，经济发展能促进土地财政的增加，土地财政同样也能够促进经济发展。

3. 格兰杰因果关系

格兰杰因果检验结果表明（表3-12），全国及东部地区土地财政与经济发展水平的关系表现为互为因果，而中、西部地区却表现出互不为因果关系。

表 3-12　格兰杰因果检验结果

Equation	Excluded	所有地区			东部地区			中部地区			西部地区		
		chi2	df	Prob>chi2	chi2	df	Prob>chi2	chi2	df	Prob>chi2	chi2	df	Prob>chi2
h_ dlny	h_ dlngdp	7.6864	3	0.053	8.5761	3	0.035	1.1947	1	0.274	.00774	1	0.930
h_ dlny	ALL	7.6864	3	0.053	8.5761	3	0.035	1.1947	1	0.274	.00774	1	0.930
h_ dlngdp	h_ dlny	28.278	3	0.000	42.758	3	0.000	.14375	1	0.705	1.4755	1	0.224
h_ dlngdp	ALL	28.278	3	0.000	42.758	3	0.000	.14375	1	0.705	1.4755	1	0.224

（二）人口密度与土地财政互动关系

1. 面板矩估计（GMM）

用各市年末总人口除以辖区内土地总面积来表示人口密度（den），其单位是人/平方公里，并取对数形式。首先进行平稳性检验，变量人口密度对数（lnden）通过平稳性检验。运用前向均值差分过程消除时间效应，进行Helmert 转换，表3-13 中的变量均为转换后的变量。根据信息准则，所有地区的最优滞后阶数为2，东部、中部、西部地区的最优滞后阶数分别为：3、1、3。

表 3-13　GMM 估计结果

	所有地区	东部地区	中部地区	西部地区
h_ dlny				
L. h_ dlny	−0.237 *** (−6.71)	−0.386 *** (−6.61)	−0.231 *** (−4.67)	−0.117 * (−1.73)
L. h_ lnden	−2.358 * (−1.67)	−17.395 *** (−4.73)	−1.204 (−0.75)	−1.398 (0.46)
L2. h_ dlny	−0.175 *** (−5.24)	−0.278 *** (−4.41)		−0.162 ** (−1.99)
L2. h_ lnden	−2.195 ** (−2.13)	0.067 (0.09)		−2.155 (−1.03)
L3. h_ dlny		−0.051 (−1.03)		0.007 (0.10)
L3. h_ lnden		1.721 (1.12)		−0.720 (−0.49)
h_ lnden				
L. h_ dlny	0.001 (1.32)	−0.001 (−1.26)	0.001 (0.72)	0.002 (1.12)
L. h_ lnden	0.362 * (1.87)	0.672 *** (14.92)	0.750 *** (15.52)	0.218 ** (2.51)
L2. h_ dlny	0.001 (0.52)	−0.001 (−1.06)		0.003 * (1.71)
L2. h_ lnden	0.276 * (1.86)	−0.001 (−0.09)		0.091 (1.38)
L3. h_ dlny		−0.000 (−0.46)		0.003 (1.75)
L3. h_ lnden		0.002 (0.32)		0.194 *** (3.06)

注：括号里面数值为对应变量的 t 统计值，其中 * 、 ** 、 *** 表示统计值在 10%、5% 和 1% 水平下
　　显著。

根据 GMM 估计结果可以发现：第一，不分区域情况下，人口密度对数
（lnden）对人均土地出让金对数（lny）影响为负且显著。分区域后，东部
地区也表现出负向且显著的影响，中、西部地区影响为负，但不显著。第
二，人均土地出让金对数对人口密度的影响，不论是否区分区域，影响都不

显著。

通过以上分析，发现人口密度对土地财政的影响为负，可能因为人口密度高的地区，往往意味着地方政府在土地征收和房屋拆迁过程中会面临更高的成本，地方政府的相关行为也可能会受到更多的监督和限制，从而影响土地财政。而土地财政对人口密度没有影响。

2. 基于 PVAR 模型的正交化脉冲响应

图 3-14—图 3-17 分别为不分区域情况下及分为东、中、西部区域后的各时间序列经过蒙特卡罗模型 500 次，响应期数为 10 期的脉冲响应图。

脉冲响应图中，不分区域及分区域后的东、中、西部，人口密度对数（lnden）一个单位的改变对人均土地出让金对数（lny）的影响都为负，与 GMM 估计结果相符，说明人口密度对土地财政有负向影响。同时，也可以看出人均土地出让金对数（lny）对人口密度对数的冲击（lnden）并不明显，说明土地财政对人口密度的影响不大。

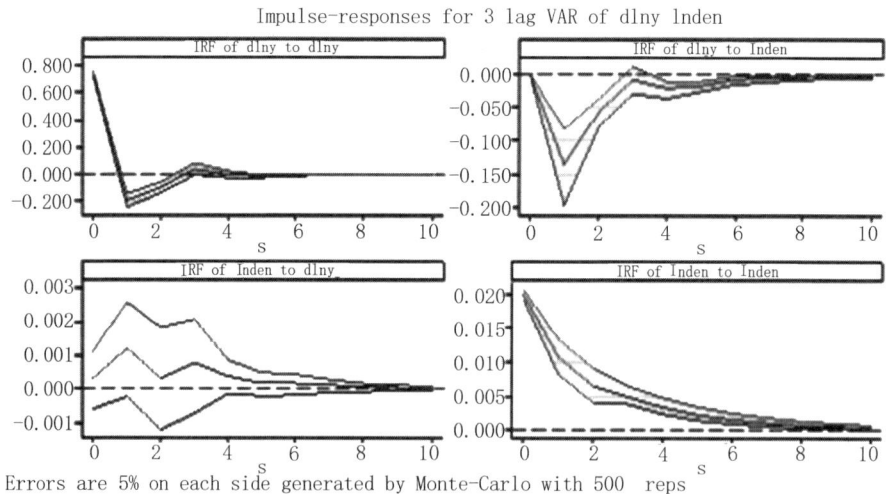

图 3-14　所有地区土地财政与人口密度的脉冲响应结果

3. 格兰杰因果检验

在格兰杰因果检验中（表 3-14），不分区域情况下及东部地区都表现出

Impulse-responses for 3 lag VAR of dlny Inden

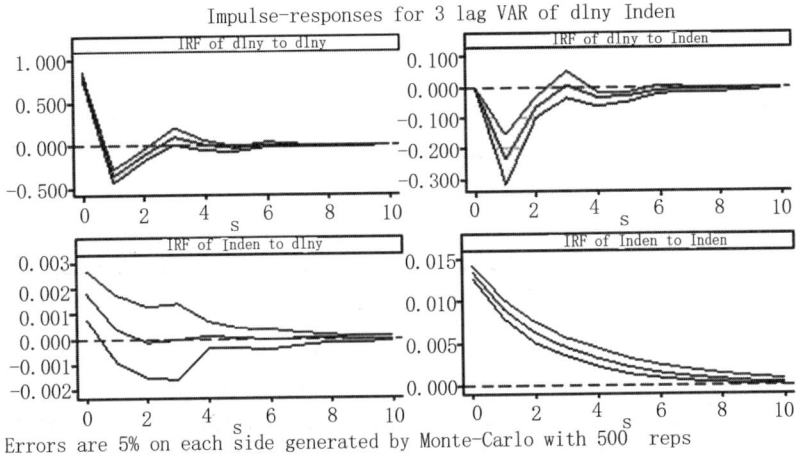

Errors are 5% on each side generated by Monte-Carlo with 500 reps

图 3-15 东部地区土地财政与人口密度的脉冲响应结果

Impulse-responses for 1 lag VAR of dlny Inden

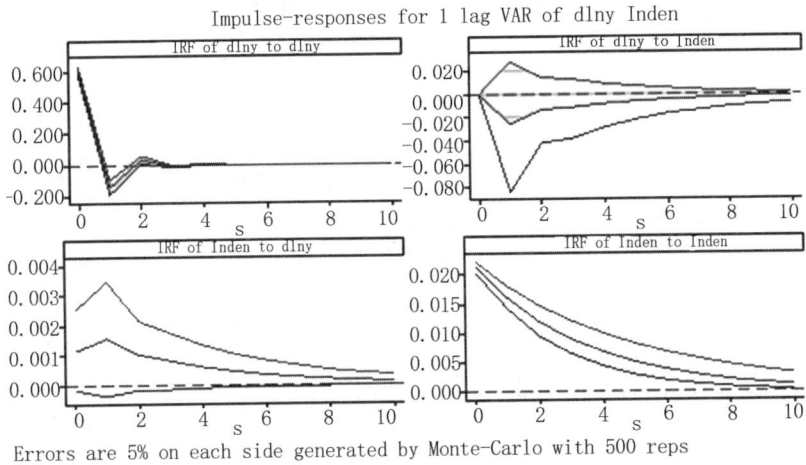

Errors are 5% on each side generated by Monte-Carlo with 500 reps

图 3-16 中部地区土地财政与人口密度的脉冲响应结果

人口密度是土地财政的因，但土地财政并不是人口密度的格兰杰因，与前面论述一致。中部、西部人口密度与土地财政互不为因果。

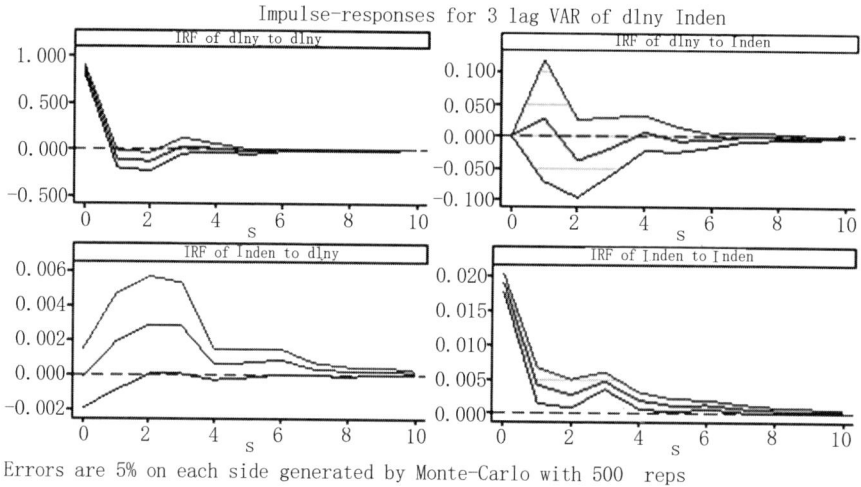

图 3-17　西部地区土地财政与人口密度的脉冲响应结果

表 3-14　格兰杰因果检验结果

		所有地区			东部地区			中部地区			西部地区		
Equation	Excluded	chi2	df	Prob> chi2	chi2	df	Prob> chi2	chi2	df	Prob> chi2	chi2	df	Prob> chi2
h_ dlny	h_ lnden	25.854	3	0.000	43.392	3	0.000	.55558	1	0.456	4.3382	3	0.227
h_ dlny	ALL	25.854	3	0.000	43.392	3	0.000	.55558	1	0.456	4.3382	3	0.227
h_ lnden	h_ dlny	2.7029	3	0.440	2.4056	3	0.493	.51638	1	0.472	3.483	3	0.323
h_ lnden	ALL	2.7029	3	0.440	2.4056	3	0.493	.51638	1	0.472	3.483	3	0.323

（三）财政收支缺口与土地财政互动关系

1. 面板矩估计（GMM）

预算内财政收支缺口（fgap）用下式计算：（预算内支出 - 预算内收入）/预算内收入。用 LLC 检验、IPS 检验对各序列进行单位根检验，代表财政收支缺口的变量（fgap），通过平稳性检验。运用前向均值差分过程消除时间效应，进行 Helmert 转换，表 3-15 中的变量均为转换后的变量。根据信息准则，不分区域情况下，最优滞后阶数为 1，分区域后，东部、中部、西部地区的最优滞后阶数均为 1。

表 3-15　分区域 GMM 估计结果

	所有地区	东部地区	中部地区	西部地区
h_ dlny				
L. h_ dlny	−0.182*** (−6.35)	−0.242*** (−5.91)	−0.232*** (−4.71)	−0.126** (−2.37)
L. h_ fgap	0.086 (1.16)	0.646*** (3.47)	0.135 (0.94)	0.020 (0.23)
h_ fgap				
L. h_ dlny	−0.047* (−1.82)	−0.026** (−2.50)	−0.081*** (−2.88)	−0.048 (−0.68)
L. h_ fgap	0.763*** (4.16)	0.741*** (11.21)	0.912*** (5.32)	0.725*** (3.01)

注：括号里面数值为对应变量的 t 统计值，其中 *、**、*** 表示统计值在 10%、5% 和 1% 水平下显著。

根据 GMM 估计结果：第一，财政收支缺口（fgap）对人均土地出让金对数（lny）的影响，不分区域情况下，影响为正但不显著，分区域后，中、西部地区的影响也为正且不显著，只有东部地区表现出正向显著。第二，人均土地出让金对数对财政收支缺口的影响，不分区域时，影响为负且在 10% 水平下显著，分区域后，东部、西部地区影响为负且显著，西部地区同样也表现出负向影响，但不显著。

通过以上分析发现，除东部地区外，财政收支缺口对土地财政的影响不够显著，与本章第二节得到的结论一致，说明大部分地区财政收支缺口对土地财政的增长影响程度有限，但东部地区财政收支缺口对土地财政有拉动作用。除西部地区外，其余地区均表现出土地财政与财政收支缺口间存在显著的负向关系，土地出让金收入越高，越能弥补财政收支缺口。

2. 基于 PVAR 模型的正交化脉冲响应

图 3-18—图 3-21 分别为不分区域情况下及分为东部、中部、西部区域

后各时间序列经过蒙特卡罗模型 500 次，响应期数为 10 期的脉冲响应图。

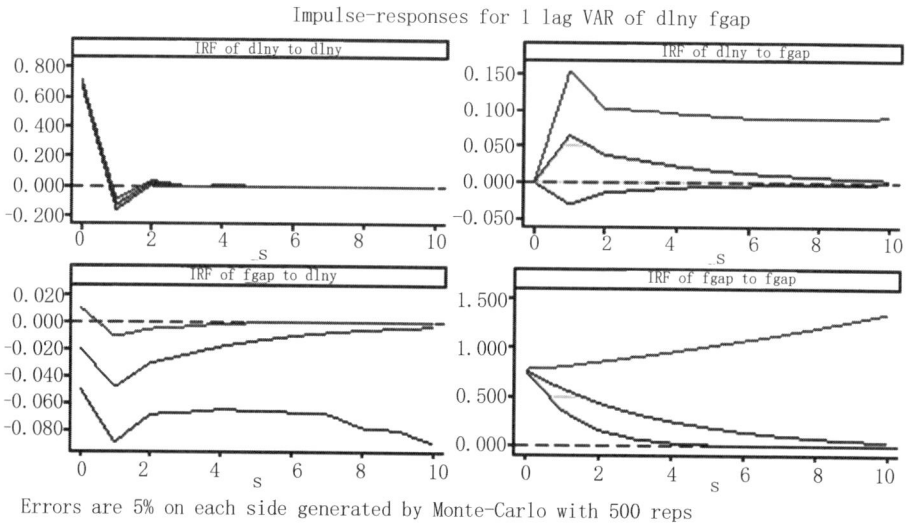

图 3-18　所有地区土地财政与财政收支缺口的脉冲响应结果

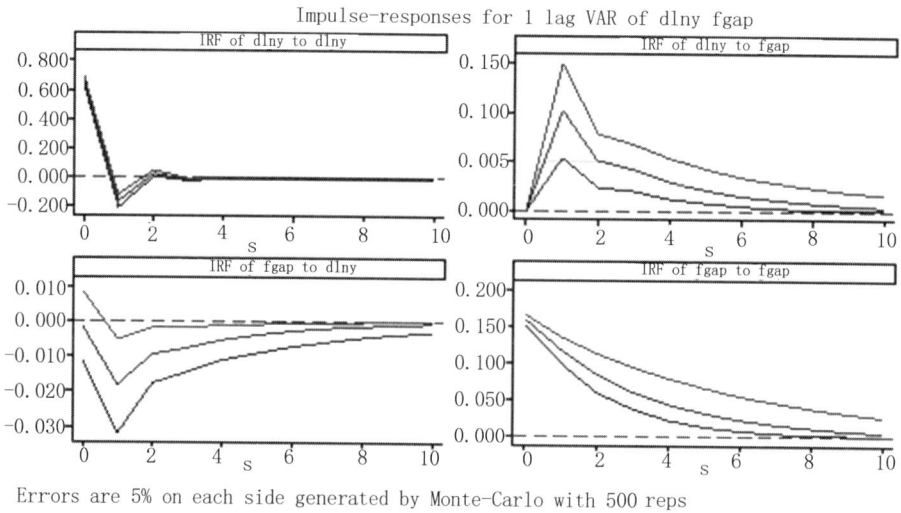

图 3-19　东部地区土地财政与财政收支缺口的脉冲响应结果

脉冲响应图中，财政收支缺口（fgap）一个标准差改变对人均土地出让

Impulse-responses for 1 lag VAR of dlny fgap

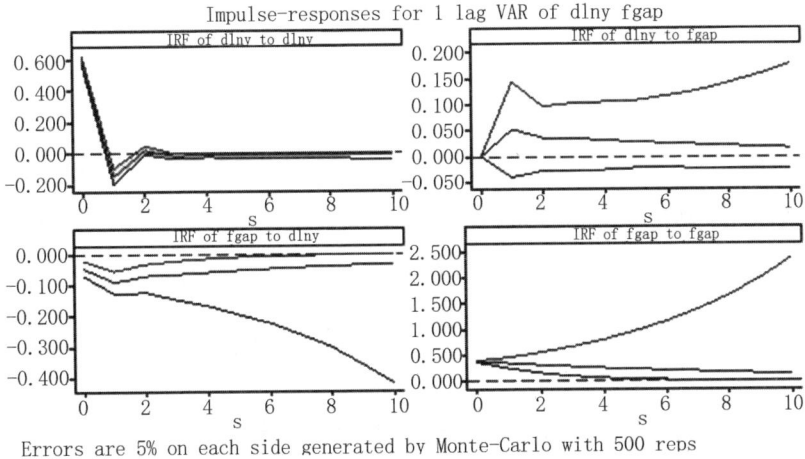

Errors are 5% on each side generated by Monte-Carlo with 500 reps

图 3-20　中部地区土地财政与财政收支缺口脉冲响应结果

Impulse-responses for 1 lag VAR of dlny fgap

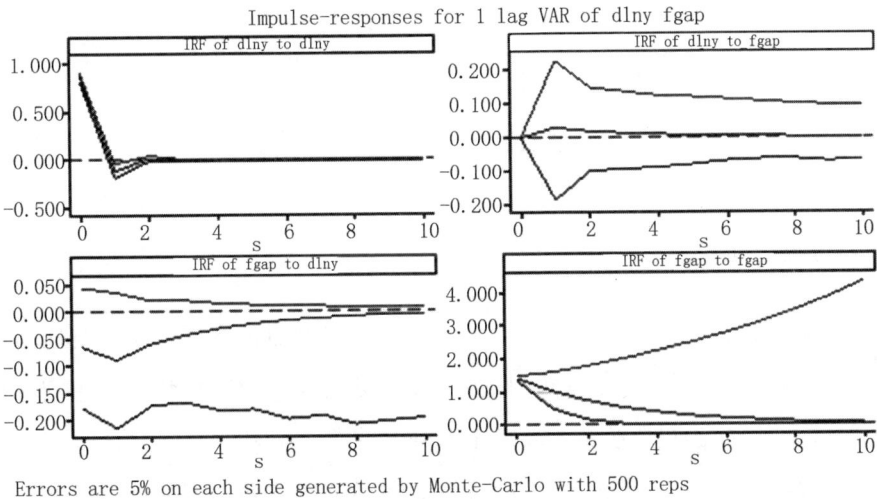

Errors are 5% on each side generated by Monte-Carlo with 500 reps

图 3-21　西部地区土地财政与财政收支缺口的脉冲响应结果

金（lny）的冲击，不分区域时，冲击为正，但不明显；分区域后，只有东部地区表现出比较明显的正向冲击反应，其余地区冲击不明显。人均土地出让金对财政收支缺口的影响，不论是否划分区域，都表现出负向影响。

通过以上分析说明，除东部地区外，财政收支缺口对土地财政的影响不大，而土地财政对财政收支缺口产生负向影响，土地财政的发展有利于弥补财政收支缺口。

3. 格兰杰因果检验

在格兰杰因果关系中可以发现（表3—16），不分区域时，土地财政是财政收支缺口的因，财政收支缺口不是土地财政的因。分区域后，只有东部地区表现出财政收支缺口与土地财政互为因果的关系，中部地区表现出土地财政是财政收支缺口的因的单向因果关系，西部地区互不为因果。

表3-16　格兰杰因果检验结果

Equation	Excluded	所有地区			东部地区			中部地区			西部地区		
		chi2	df	Prob> chi2	chi2	df	Prob> chi2	chi2	df	Prob> chi2	chi2	df	Prob> chi2
h_ dlny	h_ fgap	1. 3554	1	0. 244	12. 02	1	0. 001	.892	1	0. 345	.05078	1	0. 822
h_ dlny	ALL	1. 3554	1	0. 244	12. 02	1	0. 001	.892	1	0. 345	.05078	1	0. 822
h_ fgap	h_ dlny	3. 3033	1	0. 069	6. 2341	1	0. 013	8. 3084	1	0. 004	.45729	1	0. 499
h_ fgap	ALL	3. 3033	1	0. 069	6. 2341	1	0. 013	8. 3084	1	0. 004	.45729	1	0. 499

六、 小结

本节利用我国287个地级市2003—2015年的面板数据，建立土地财政与其影响因素的面板向量自回归模型（PVAR），应用GMM估计、正交脉冲响应及Granger因果检验等方法，对城市化、产业结构、经济发展水平、财政收支缺口及人口密度等因素与土地财政的互动效应进行了多角度的实证研究。研究结果发现：

第一，土地财政与土地城市化之间，更多表现出土地城市化对土地财政的影响，土地财政对土地城市化影响不大，并有一定的区域性。土地财政与人口城市化之间表现出互相影响的关系，并存在区域差别，如在东部地区土地财政与人口城市化的关系不确定，中部地区土地财政的发展促进了人口城市化；

第二，土地财政与第二产业之间，主要表现出土地财政对第二产业的单向影响，且以正面影响为主，说明土地财政发展有利于第二产业的提升。土地财政与第三产业之间表现出互相影响且反向变动关系，分区域差别不明显；

第三，土地财政与经济发展水平间主要表现出良性互动关系，且这种互动关系在不分区域时及东部地区表现明显；

第四，土地财政与人口密度之间，表现为人口密度对土地财政单向的负向影响，土地财政对人口密度影响不大，分区域效应不明显；

第五，土地财政与财政收支缺口之间，主要表现为土地财政对财政收支缺口的单向且为负的影响，分区域差别不明显。

第四节　地方政府土地财政的空间竞争效应分析

本研究认为，地方政府间的土地财政还存在着空间竞争效应。本节基于空间计量模型，探索地方政府土地财政的竞争效应，并对区域差异形成的影响进行分析。

一、引言

长期以来，地方政府间的策略互动行为一直是政界和学界讨论的重要话题，但关注中国地方政府的土地财政外溢行为的研究相对较少。有研究表明，地方政府土地出让存在策略互动行为，如汪冲（2011）研究发现，城市之间围绕土地出让份额的争夺是一个典型的策略互动形成机制；龙奋杰等（2015）认为地方政府的土地出让结构存在明显的策略互动；施建刚等（2017）结合政府竞争理论，通过构建四类权重下的空间动态面板模型，研究发现，地方政府土地出让结构呈显著的策略模仿特征；王华春等（2016）通过构建五种权重下的空间模型，研究结果表明，土地出让行为存在竞赛到底的空间策略竞争。然而，王贺嘉等（2013）通过实证研究表明，地市级政府间的工业用地价格竞争不存在明显的策略互动。此外，骆祖春等（2011），王乔等（2014）将空间变量作为影响因素纳入计量模型，分析了省域范围或大中城市间的土地出让外溢效应；彭山桂等（2017）以山东省设区市地方政府土地出让行为作为研究对象，得出结论：地方政府土地出让行为的影响因素普遍存在明显的空间溢出效应。

地方政府可以两种方式出让土地：一是招拍挂等公开市场方式，一是协议出让。公开市场出让采用竞价方式通常可获得较高收益，协议出让因土地低成本而吸引投资进而促进地方经济发展（Tao et al.，2010）。自2006年开始，这两种方式的平均土地出让金之间的差距明显加大。因此，地方政府可依据不同土地需求策略性地拟定不同土地出让方式来获取最大利益。一方面，地方政府争相压低工业用地协议出让价格以吸引投资（Tao et al.，2010；Yang et al.，2015）；另一方面，通过公开市场出让提高商住用地价格以增加地方财政收入。

政治升迁与财政收入的诱因激励地方政府致力于发展地方经济。为了能与其他地区相互竞争，地方政府需要考虑周边地区的土地财政策略，因而存在地方政府间策略的交互影响。公开市场出让方式可以带来庞大土地出让金而引起相邻地方政府竞相模仿，导致地方政府不断增加商住用地出让面积，因而地方政府间的公开市场出让政策对土地财政具有直接影响；协议出让因地方政府优惠政策不同而吸引投资，因而存在相邻地区相互竞争行为的间接影响。为了厘清地方政府间土地出让溢出行为的不同影响，确实有必要深入探讨地方政府间不同土地财政策略的相互影响机理。本节探讨中国地方政府的土地财政决策是否存在竞争或模仿的空间互动行为，并认为这种相互竞争或模仿可能遵循一定的时空扩散或传递机制，并形成策略性互动。

我们通过构建动态空间Durbin模型（SDM），采用二元空间矩阵、距离矩阵和经济矩阵等三种不同空间矩阵探讨公开市场出让和协议出让这两类方式对地方政府土地财政行为的空间影响。本研究发现土地出让金不仅与地区特征存在高度空间相关，而且与邻近地方政府的土地出让决策行为存在显著的空间效应。实证结果表明公开市场出让存在正向模仿效应，但协议出让却存在负向的策略性竞争行为。

二、　计量模型设计与数据来源

（一）理论框架

借鉴布吕克纳（Brueckner，2003）和雷维利（Revelli，2006）的分析思路，本研究假定地区 i 的土地出让政策受到其他地区政策的间接影响，而且此影响由其边界内某资源的量决定。简单来讲，流动性资本取决于地区 $i(n_i)$ 和 $j(n_j)$ 的土地出让金以及地区 i 和 j 的外生变量 X_i 与 Y_j，则反应函数可以表示为：

$$r_i = r(n_i, \ n_j, \ X_i, \ Y_j) \tag{3-5}$$

式中，r_i 表示地区 i 的资本存量。一般而言，r_i 与 n_i 之间存在负相关，而 r_i 和 n_j 之间存在正相关。也就是说，如果地区 i 土地出让金上升，那么地区 j 的土地价格会相对较低。此时，地区 i 在吸引流动性资源投资方面就缺少吸引力，从而导致该地区收益减少。因此，地区 i 的福利（u_i）取决于当地居民的个人消费（c_i）和当地提供的服务（g_i），而这两者均取决于地区 i 内资源 r 的规模。

$$U_i = U[c_i(r_i), \ g_i(r_i), \ X_i, \ Y_j] \tag{3-6}$$

为使约束条件反应式（3-5）下的式（3-6）最大化，地区 i 的最佳协议出让政策取决于地区 i 和 j 的外生变量（X_i，Y_j）以及地区 j 的出让政策。

$$n_i = n(n_j, \ X_i, \ Y_j) \tag{3-7}$$

式（3-7）可以参照税收竞争模型做类似解释，其线性简化形式为：

$$n_i = \rho + \theta_1 n_j + \theta_2 X_i + \theta_3 Y_j + \delta_i \tag{3-8}$$

式中，ρ 是常数项，θ_1 表示存在策略性互动，θ_2 和 θ_3 分别是地区 i 和地区 j 外生变量的向量系数，δ 是随机项。

（二）动态空间面板模型

本研究主要探讨地方政府土地出让策略是否存在空间相关。为此，我们将空间滞后因变量纳入式（3-8）以探寻区域间的空间相关性。也就是说，一地区的因变量数值受该地区和相邻地区因变量的共同影响。因此，式（3-8）可用一阶空间滞后面板数据模型表示为：

$$y_{it} = \varphi y_{it-1} + \beta x_{kit} + \rho W y_{jt} + \mu_i + \lambda_t + \varepsilon_{it} \tag{3-9}$$

式中，ρ 为空间自回归系数，对应反应函数的斜率。ρ 为正值时表示存在土地出让的模仿行为；ρ 为负值时，表示地区间存在土地出让的策略性替代和相互竞争行为。$W y_{jt}$ 为空间滞后项，是相邻地区变量观察值之加权平均数；y_{it-1} 为因变量的滞后；φ 为自回归时间因变量；W_{ij} 为 $N \times N$ 空间权重矩阵。

空间矩阵 W 为预先设定，然后用不同的标准确定空间权重，进而验证地方政府的策略行为。首先，以地区是否相邻建立二元矩阵。如果地区相邻，则 W_{ij} 为 1，不相邻则为 0。其次，采用距离矩阵。$W_{ij} = 1/d_{ij}^2$，d_{ij} 表示地区 i 和 j 之间的距离，根据距离矩阵，空间交互作用随距离增大而降低。第三种矩阵为经济矩阵，$W_{ij} = 1/GDP_{ij}^2$。GDP_{ij} 是地区 i 和 j 的人均 GDP 之差。由于经济竞争在中国地方官员的政治升迁中扮演着重要角色，因此人均 GDP 可能是空间交互的一个重要推动因素。该值愈大表示两地区的人均 GDP 愈相近。

空间矩阵经归一化处理，稳定条件为 $|\rho| + |\varphi| < 1$。由于空间回归 $W_{ij} y_{jt}$ 和误差项之间存在相关性，标准固定效应模型的估计可能不一致。我们采用两种方法处理空间交互作用：最大似然法（MLE）和工具变量法或广义矩法（IV/GMM）。但是由于 GMM 的复杂矩条件和动态空间面板模型缺少直接的 GMM 估计量，也有文献资料建议在两阶段的估算过程内使用工具变量法（Brady，2011）。

由于潜在空间-时间协方差缺少有效的控制，式（3-9）中的 SAR 具有一定的局限性。而忽略空间—时间协方差可能无法满足稳定条件（$|\rho|+|\varphi|<1$）。因此，参考安瑟林（Anselin，2001），（Yu，et al.，2008）和德巴希等（Debarsy，etc.，2012）的方法，我们提出了更一般的动态空间滞后面板模型，不仅考虑时空相关性，而且考虑交叉乘积项，以反映一段时间滞后期的空间相依性。此外，在协变量中加入空间滞后外生变量，从而形成动态空间 Durbin 模型（SDM）：

$$y_{it} = \varphi y_{it-1} + \beta x_{kit} + \rho W y_{jt} + \theta W y_{jt-1} + \gamma W x_{jt} + \mu_i + \lambda_t + \varepsilon_{it} \qquad (3\text{-}10)$$

式中，ρ 为空间相依性变量，φ 为自回归时间因变量，θ 为空间时间扩散变量，ε_{it} 是地区 i 和 j 的假定 $i.i.d$，即零平均值和常数方差。稳定条件为 $|\rho|+|\varphi|+|\theta|<1$。但是，此稳定条件在多数情况下可能过于严格（Elhorst，2012）。计算负值时，可以采用略为宽松的稳定条件。通过计算空间模型的偏导数，可以估算直接（或自身的）效应与间接（或溢出）效应以及总效应。在多数空间 Durbin 模型（SDM）中，可以用外生变量重写式(3-10)。因此，Y 的导数可用式（3-11）计算：

$$\frac{\partial Y}{\partial x_k} = \begin{bmatrix} \dfrac{\partial Y_1}{\partial x_{1k}} & \cdots & \dfrac{\partial Y_1}{\partial x_{nk}} \\ \vdots & \ddots & \vdots \\ \dfrac{\partial Y_n}{\partial x_{1k}} & \cdots & \dfrac{\partial Y_n}{\partial x_{nk}} \end{bmatrix} \qquad (3\text{-}11)$$

边际效应为：

$$\frac{\partial Y}{\partial x_f} = (I - \rho W)^{-1} \begin{bmatrix} \beta_k & \cdots & w_{1n}\gamma_k \\ \vdots & \ddots & \vdots \\ w_{n1}\gamma_k & \cdots & \beta_k \end{bmatrix} = (I - \rho W)^{-1}[\beta_k I + \gamma W] \quad (3\text{-}12)$$

β_k 为边际隐含价格，但在 SDM 模型中，边际隐含价格为 $[\beta_k I + \gamma W](I - \rho W)^{-1}$。也就是说地区 i 的土地出让同时受该地区及其周边地区特性的影响。前者称为直接或自身效应，后者称为间接或溢出效应。当 ρ 及 γ 为 0

时,不存在溢出效应。根据塞奇和帕斯(Le Sage & Pace,2010)的研究,可以用矩阵对角元素的平均值估算直接效应,用矩阵非对角元素每一行总和的平均值估算间接效应。

(三)数据来源与模型变量

本研究基于2003—2015年中国266个地级市的面板数据[①],用动态空间Durbin模型探讨地方政府土地出让策略之互动行为。实证模型见式(3-10),其中:地区 i 在年份 t 的土地出让金 y_{it}(包括协议出让和公开市场出让),受其滞后值 y_{it-1}、自身特性 x_{kti} 以及相邻地区的土地出让金 Wy_{jt} 的共同影响。为获得全面的溢出信息,我们还考虑相邻地区时间滞后 Wy_{jt-1}、空间滞后 Wx_{jt}、空间误差 μ_i、时间误差 λ_t 的影响。相关变量描述见表3-17。

本研究主要关注地方政府土地出让行为的空间相关性,探寻地方政府运用不同土地出让策略时是否存在竞争或模仿行为。由于缺少各地方政府不同土地需求的资料,本研究使用第二、三产业比重作为工商业土地需求的数据,该比率基本反映了工业用地主要通过协议出让,而商住用地多经公开市场出让供应的现状。此外,变量GDP及财政缺口可以用来检验不同土地出让策略的激励作用。国外直接投资(FDI)可以用来衡量地方政府间的竞争程度(Wu,2015)。

表3-17 变量定义及统计描述

变量	定义	观察数	平均值	标准差
被解释变量				
Y_{it}	人均土地出让金(元)	3458	1637.47	2661.02
N_{it}	由协议出让的人均土地出让金(元)	3458	142.66	452.76

① 由于模型变量中的少量数据在部分地区未能有效获取,本节只采用266个地级市的面板数据。

续表

变量	定义	观察数	平均值	标准差
A_{it}	由公开市场出让的人均土地出让金(元)	3458	1488.26	2512.46
解释变量				
GDP	人均GDP(元)	3458	23706.40	20117.16
Fgap	(预算支出-预算收入)/预算收入	3458	-1.55	1.58
s2g	第二产业比率:第二产业/GDP	3458	49.02%	10.46%
t2g	第三产业比率:第三产业/GDP	3458	36.44%	8.35%
FDI	人均FDI(元)	3458	130.13	260.25
Pop	人口密度(人/平方公里)	3458	479.38	446.08

注:所有变量以地级市计算,并按照2002年的通货膨胀率折算。

　　除人口密度、二三产业比重、财政缺口比率外,所有变量均为年度数据并用对数转换。相关研究数据分别来自历年《中国国土资源统计年鉴》和历年《中国城市统计年鉴》,部分地区的人口数据使用相应年份的《中国人口和就业统计年鉴》予以校正。如表3-17显示,266个地级市的人均土地出让金为1637元,标准差2661元。由公开市场出让的人均土地出让金为1488元,几乎为由协议出让的人均土地出让金的10倍。两者差距如此之大,不难理解为何地方官员为实现其政治升迁和财政回报而采用不同的土地出让策略。同时,人均GDP的高幅波动凸显地级市间经济发展的不平衡,尤其是东部和西部的不平衡。如图3-22所示,东部沿海城市拥有较高的人均GDP,而中部及西部地区人均GDP较低,也证实中部及西部地区经济表现乏力。

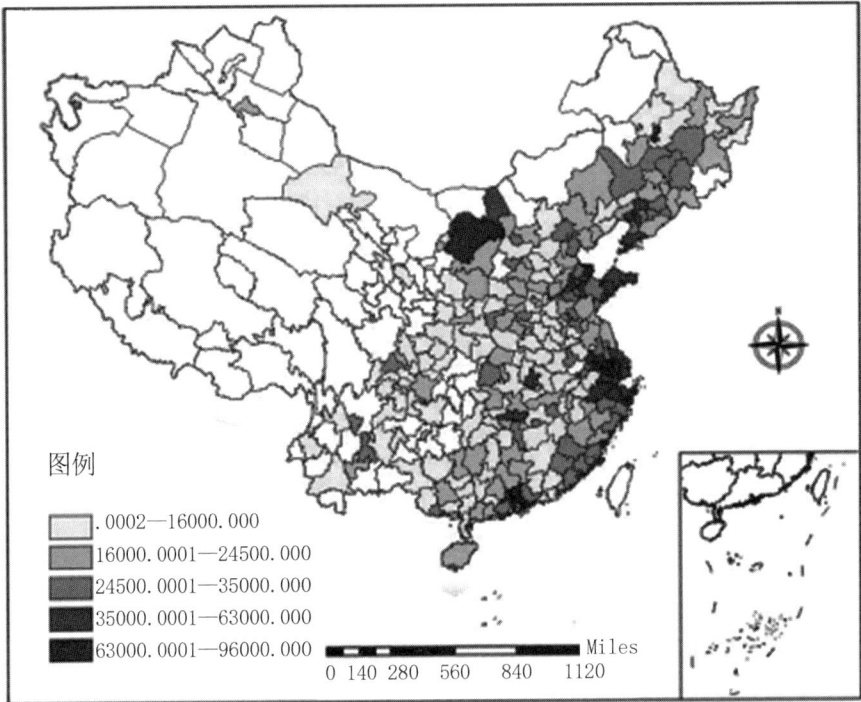

图例

. 0002—16000. 000

16000. 0001—24500. 000

24500. 0001—35000. 000

35000. 0001—63000. 000

63000. 0001—96000. 000

Miles

0 140 280   560   840 1120

图 3-22　2003—2015 年 266 个地级市的人均 GDP

三、 实证分析结果

(一) 聚类和异常值分析

本研究使用 Anselin Local Moran's I 的聚类和异常值分析法探寻不同地区的空间自相关，结果如图 3-23、图 3-24 所示。聚类的存在基于：正值时表示该地区和其相邻地区具有相似的高值或低值；负值为异常值，表示该地区与周围地区数值差异较大（Anselin，L.，1995）。从图中可以看出 266 个地级市的空间关系：由协议出让或公开市场出让的人均土地出让金高数值聚类用红色表示（Hot Spot 热点），低数值聚类用蓝色表示（Cold Spot 冷点），异常值（Not Significant 不显著）用白色表示。异常值包括被低数值包围的高数包围的低数值。

　　图3-23、图3-24一定程度上反映东部沿海地区和西部地区土地出让的模仿行为。首先,协议出让和公开市场出让的人均土地出让金高数值倾向于在沿海地区聚集,这很可能是因为这些地区的基础设施比较发达。其次,低数值聚集在西部和东北地区,反映了这些地区经济发展的乏力。地方政府为了与相邻地区竞争,通常会降低土地出让价格,因此竞争造成土地出让价格的进一步降低。另外,土地公开市场出让高收益或低收益聚类分布在靠近沿海或靠近西部的地区,表明可能存在跨边界的空间交互效应。

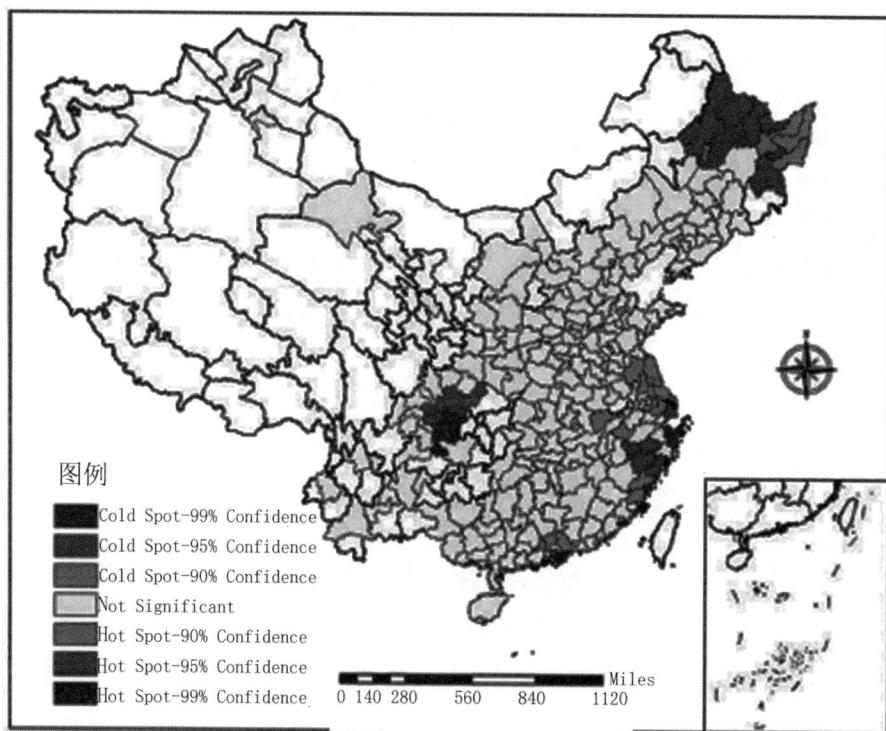

图3-23　2003—2015年由协议出让的人均土地出让金聚类

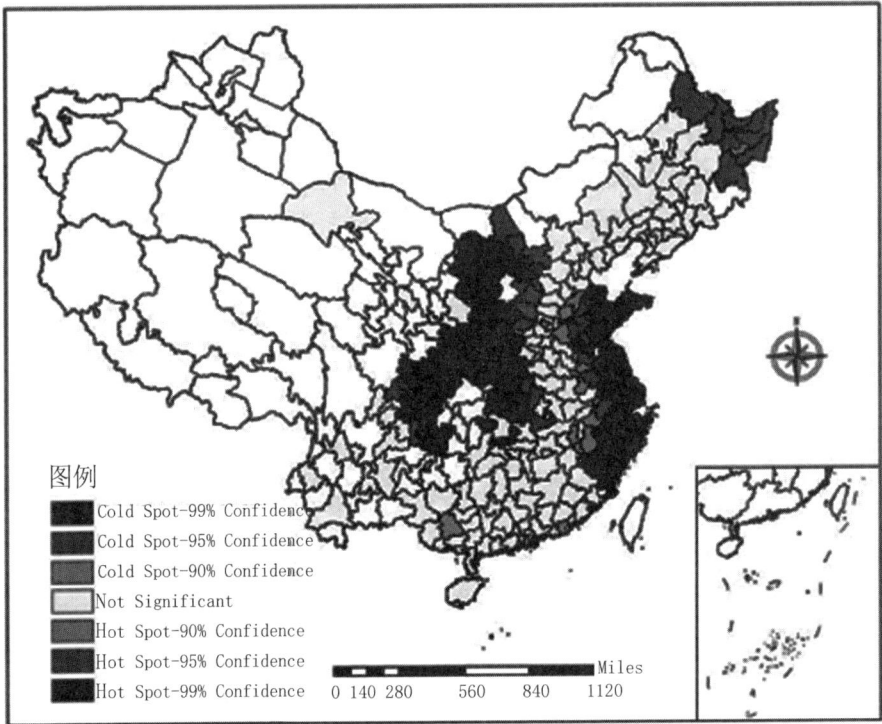

图3-24　2003—2015年由公开市场出让的人均土地出让金聚类

（二）动态空间面板模型实证结果

表3-18和表3-19为基于地理和经济接近性的SDM模型实证结果。采用邻接性和经济特性作为权重矩阵的关键指标，估计直接效应和间接效应以探寻溢出效应。考虑到土地出让空间相关模型可能因土地出让方式和策略而异，我们还对协议出让和公开市场出让分别进行了模型估计。表3-18列出了式（3-10）分别以总人均土地出让金、协议方式人均土地出让金以及公开市场方式人均土地出让金为因变量的估算结果，所有模型均控制了空间及时间固定效应。其中（1）—（3）栏为二元空间矩阵计算结果，（4）—（6）栏为距离矩阵计算结果，（7）—（9）栏为经济矩阵计算结果。

表 3-18 栏（1）显示当期土地出让金受前期及周边地区土地出让金的显著正向影响，证实了中国地方政府间存在土地出让策略互动关系。前期土地出让金或者周边地区的土地出让金每增加 1%，将分别带动当地土地出让金增加 0.179% 或 0.119%，这证明土地出让在时间上和空间上均存在模仿效应。人均 GDP 亦对土地出让金有显著的正向影响。强劲的土地需求可促进经济成长而带动 GDP，这也是地方政府倾向通过出让土地以获取高额收入的重要原因。第二、三产业比重及 FDI 对土地出让金有显著正向影响，可能是因为第二、三产业比重及 FDI 越高的地区具有更强劲的竞争力而能吸引国内外投资，从而增加该地区的土地出让收入。相反，人口密度对土地出让金有略微负向的影响，这可能是因为在人口稠密地区，较高的土地征收成本降低了土地出让收入。此外，我们引入相邻地区特征外生变量作为解释变量，结果显示除了相邻地区的 GDP 及 FDI 对土地出让金有影响外，其余变量并未发现有显著影响。相邻地区的 FDI 每增加 1%，将导致本地区的土地出让金下降约 0.055%。这间接说明地区间土地供给存在高度替代性，从而排挤土地需求、降低土地出让收入。

表 3-18 栏（2）显示的是以协议方式人均土地出让金为因变量的模型结果。同样地，空间相依性显著正向且达到 0.252。与栏（1）相比，时间和空间滞后因变量估计系数略小，但 GDP 及 FDI 对土地出让金有更大的影响，说明经济地租对地方政府的协议出让政策有较大贡献。该结果符合 FDI 对国内产业有正向外溢效果而促进产出的相关研究结论（Ran et al.，2007）。另外，相邻地区自变量，例如 FDI，第二、三产业比重，对本地区的土地出让金有负向影响，可能是因为土地供给的高度替代性而形成投资竞争。

表 3-18 栏（3）显示了以公开市场方式人均土地出让金为因变量的模型结果。公开市场土地出让金也显示出较强的空间相依性和模仿效应，弹性达0.411，远高于协议出让的 0.252。这也说明相邻地区的土地出让行为尤其是公开市场出让更能影响本地区的土地出让行为。因此，相邻地区的信息流通对地区间的土地公开市场出让甚为重要。所以当一地区进行公开市场出让

时，标售价格信息将很快传到相邻地区，引起公开市场出让的外溢行为。

为检验不同权重矩阵状态下模型结果的稳健性，我们计算了距离矩阵和经济矩阵状态下模型式（3-10）的实证结果。表3-18中栏（4）至（6）为距离空间矩阵结果，栏（7）至（9）为人均GDP空间矩阵结果。从中可见，采用距离空间矩阵估算的模型系数均明显高于二元空间矩阵。例如，就公开市场方式土地出让金而言，空间相依系数高达0.554，比二元空间矩阵估算的值0.411高出许多，显示出地区间的不同距离更能捕捉空间关系。另以人均GDP计算的经济空间矩阵，在栏（8）中却显示对土地出让金有负向影响，这可能因经济表现相近的地区存在替代效应而产生资源竞争，同时也反映协议出让的信息不对称，存在信息传递的时间滞后性。这也表明当地区间的经济表现相当时，将产生土地出让的协议出让竞争行为。可见，本研究实证结果与先前许多学者的研究结论一致，即地方政府的土地出让策略确实存在与相邻地区的竞争或模仿行为。

表 3-18　动态空间 Durbin 模型

空间矩阵	邻接矩阵			距离矩阵		
因变量	Y_i	N_i	A_i	Y_i	N_i	A_i
模型	（1）	（2）	（3）	（4）	（5）	（6）
$W^* Y_j$	0.154*** （5.474）			0.195*** （5.044）		
$W^* N_j$		0.252*** （9.441）			0.305*** （8.382）	
$W^* A_j$			0.411*** （8.543）			0.554*** （18.749）
Y_{i-1}	0.179*** （10.574）			0.184*** （10.925）		
N_{i-1}		0.164*** （9.341）			0.171*** （9.729）	
A_{i-1}			0.211*** （12.089）			0.207*** （11.905）

续表

空间矩阵	邻接矩阵			距离矩阵		
因变量	Y_i	N_i	A_i	Y_i	N_i	A_i
模型	(1)	(2)	(3)	(4)	(5)	(6)
GDP_i	0.628 *** (11.103)	0.586 *** (5.147)	0.608 *** (8.543)	0.633 *** (11.135)	0.585 *** (5.099)	0.624 *** (8.681)
$Fgap_i$	−0.024 * (−1.812)	0.011 (0.414)	−0.027 (−1.711)	−0.025 * (−1.906)	−0.006 (−0.259)	−0.026 (−1.535)
$s2g_i$	1.301 *** (4.362)	0.816 (1.361)	1.335 *** (3.561)	1.358 *** (4.508)	0.674 (1.109)	1.394 *** (3.664)
$t2g_i$	1.364 *** (3.829)	1.766 ** (2.461)	1.644 *** (3.668)	1.412 *** (3.968)	1.211 * (1.689)	1.677 *** (3.729)
Den_i	−0.308 * (−12.477)	−0.268 (−5.441)	−0.304 *** (−9.832)	−0.302 *** (−12.219)	−0.276 *** (−5.596)	−0.311 *** (−9.971)
FDI_i	0.023 ** (1.986)	0.016 (0.689)	0.006 (0.465)	0.018 (1.584)	0.007 (0.323)	0.001 (0.054)
$W^* Y_{j-1}$	0.119 *** (3.208)			0.133 *** (2.659)		
$W^* N_{j-1}$		0.104 *** (3.303)			0.155 *** (3.563)	
$W^* A_{j-1}$			0.037 (1.101)			0.093 ** (1.827)
$W^* GDP_j$	0.231 ** (1.986)	−0.079 (1.283)	0.187 (1.284)	0.347 ** (2.031)	−0.253 (−0.749)	0.281 (1.311)
$W^* Fgap_j$	−0.009 (−0.361)	0.053 (1.065)	0.005 (0.178)	−0.007 (−0.157)	0.238 *** (2.787)	0.014 (0.263)
$W^* s2g_j$	−0.458 (−0.719)	−1.732 (−1.351)	−1.391 * (−1.735)	−0.876 (−0.947)	1.929 (1.033)	−2.196 * (−1.879)
$W^* t2g_j$	−0.576 (−0.746)	−4.807 *** (−3.094)	−1.732 * (−1.786)	−0.601 (−0.512)	−0.931 (−0.393)	−2.401 * (−1.621)
$W^* Den_j$	0.216 *** (4.118)	0.072 (0.682)	0.256 *** (3.872)	0.314 *** (3.932)	0.107 (0671)	0.522 *** (5.173)
$W^* FDI_j$	−0.055 * (−2.492)	−0.078 * (−1.729)	−0.036 (−1.316)	−0.051 (−1.569)	0.013 (0.211)	−0.044 (−1.115)
模型说明	空间与时间固定效应	空间与时间固定效应	空间与时间固定效应	空间与时间固定效应	空间与时间固定效应	空间与时间固定效应
N	3458	3458	3458	3458	3458	3458
σ^2	0.39	1.58	0.62	0.39	1.59	0.62

注：括号里面数值为对应变量的 t 统计值，其中 * 、 ** 、 *** 表示统计值在 10%、5% 和 1% 水平下显著。

表 3-18 动态空间 Durbin 模型（续）

空间矩阵	经济矩阵		
因变量	Y_i	N_i	A_i
模型	（7）	（8）	（9）
W^*Y_j	0.017 （0.979）		
W^*N_j		0.034 （0.782）	
W^*A_j			0.037** （2.078）
Y_{i-1}	0.199*** （11.856）		
N_{i-1}		0.215*** （12.979）	
A_{i-1}			0.261*** （15.282）
GDP_i	0.672*** （12.016）	0.565*** （4.975）	0.721*** （9.744）
$Fgap_i$	−0.029** （−2.341）	0.014 （0.579）	−0.029* （−1.743）
$s2g_i$	1.441*** （4.856）	0.684 （1.134）	1.461*** （3.721）
$t2g_i$	1.472*** （4.177）	1.177* （1.645）	1.582*** （3.395）
Den_i	−0.288*** （−11.732）	−0.261*** （−5.271）	−0.262*** （−8.131）
FDI_i	0.016 （1.472）	0.006 （0.276）	0.002 （0.148）
W^*Y_{j-1}	0.023 （0.941）		
W^*N_{j-1}		−0.038* （−1.811）	
W^*A_{j-1}			0.012 （0.493）
W^*GDP_j	−0.056 （−0.729）	0.028 （0.199）	−0.077 （−0.817）

续表

空间矩阵	经济矩阵		
因变量	Y_i	N_i	A_i
$W^* Fgap_j$	0.004 (0.274)	0.074* (2.225)	0.004 (0.201)
$W^* s2g_j$	0.456 (1.078)	2.107** (2.457)	0.516 (0.923)
$W^* t2g_j$	−0.208 (−0.391)	1.097 (1.018)	0.172 (0.245)
$W^* Den_j$	0.026 (0.691)	0.095 (1.236)	0.009 (0.193)
$W^* FDI_j$	−0.018 (−1.195)	0.004 (0.136)	−0.033 (−1.613)
模型说明	空间与时间 固定效应	空间与时间 固定效应	空间与时间 固定效应
N σ^2	3458 0.40	3458 1.65	3458 0.71

注：括号里面数值为对应变量的 t 统计值，其中 * 、** 、*** 表示统计值在 10%、5% 和 1% 水平下显著。

最后，我们还检验了空间直接与间接效应，如表 3-19 所示，GDP 每增加 1%，将对相邻地区的土地出让金产生 0.378% 到 1.365% 的正向间接溢出效应，这可能是因为地方政府在 GDP 竞争的压力下，被迫出让更多土地，从而引起土地出让金与总效应的增加。此外，人口密度每增加 1% 将对相邻地区的土地出让金造成 0.198% 或 0.763% 的正向间接溢出效应。本研究虽然并未检验出其他解释变量对相邻土地出让金有显著的间接影响，但经由空间直接与间接溢出效应对总溢出效应仍有一些影响。例如，第二产业比重总效应受直接与间接效应的显著影响，第二产业比重每增加 1%，直接效应就会增加 1.296%，间接效应降低约 0.288%，总效应增加约为 1.01%。

表 3-19　动态空间 Durbin 模型—效应计算

空间矩阵	邻接矩阵			距离矩阵		
因变量	Y_i	N_i	A_i	Y_i	N_i	A_i
模型	（1）	（2）	（3）	（4）	（5）	（6）
直接效应：GDP$_i$	0. 634 *** （10. 749）	0. 589 *** （5. 212）	0. 642 *** （9. 216）	0. 641 *** （11. 265）	0. 579 *** （5. 061）	0. 666 *** （9. 442）
间接效应：GDP$_i$	0. 378 *** （3. 067）	0. 098 （0. 342）	0. 706 *** （3. 161）	0. 581 *** （2. 857）	−0. 117 （−0. 247）	1. 365 *** （3. 046）
总效应：GDP$_i$	1. 012 *** （7. 898）	0. 687 ** （2. 254）	1. 349 *** （5. 587）	1. 223 *** （6. 113）	0. 461 （0. 971）	2. 031 *** （4. 386）
直接效应：Fgap$_i$	−0. 024 * （−1. 929）	0. 013 （0. 536）	−0. 028 * （−1. 771）	−0. 025 * （−1. 858）	0. 001 （0. 015）	−0. 025 （−1. 574）
间接效应：Fgap$_i$	−0. 016 （−0. 559）	0. 068 （1. 062）	−0. 009 （−0. 201）	−0. 013 （−0. 254）	0. 341 *** （2. 854）	−0. 004 （−0. 043）
总效应：Fgap$_i$	−0. 041 （−1. 351）	0. 081 （1. 211）	−0. 038 （−0. 724）	−0. 038 （−0. 747）	0. 341 *** （2. 861）	−0. 031 （−0. 268）
直接效应：s2g$_i$	1. 296 *** （4. 391）	0. 771 （1. 332）	1. 251 *** （3. 133）	1. 391 *** （4. 516）	0. 739 （1. 246）	1. 295 *** （3. 288）
间接效应：s2g$_i$	−0. 288 （−0. 395）	−1. 866 （−1. 128）	−1. 392 （−1. 279）	−0. 742 （−0. 652）	3101 （1. 206）	−3. 052 （−1. 241）
总效应：s2g$_i$	1. 007 （1. 319）	−1. 094 （−0. 621）	−0. 141 （−0. 098）	0. 593 （0. 514）	3. 841 （1. 459）	−1. 757 （−0. 685）
直接效应：t2g$_i$	1. 371 *** （3. 966）	1. 541 ** （2. 222）	1. 542 *** （3. 314）	1. 391 *** （4. 019）	1. 192 * （1. 691）	1. 586 *** （3. 434）
间接效应：t2g$_i$	−0. 421 （−0. 479）	−5. 548 *** （−2. 747）	−1. 755 （−1. 142）	−0. 341 （−0. 241）	−0. 709 （−0. 214）	−3. 073 （−1. 024）
总效应：t2g$_i$	0. 951 （1. 039）	−4. 008 * （−1. 872）	−0. 213 （−0. 126）	1. 049 （0. 736）	0. 483 （0. 141）	−1. 487 （−0. 477）
直接效应：Den$_i$	−0. 303 *** （−11. 923）	−0. 269 *** （−5. 797）	−0. 293 *** （−9. 028）	−0. 296 *** （−11. 208）	−0. 275 *** （−5. 568）	−0. 288 *** （−8. 977）
间接效应：Den$_i$	0. 198 *** （3. 241）	0. 007 （0. 053）	0. 216 ** （2. 069）	0. 317 （3. 282）	0. 034 （0. 147）	0. 763 *** （3. 466）
总效应：Den$_i$	−0. 104 （−1. 168）	−0. 262 * （−1. 809）	−0. 076 （−0. 659）	0. 021 （0. 212）	−0. 247 （−0. 976）	0. 475 ** （2. 071）
直接效应：FDI$_i$	0. 021 * （1. 841）	0. 012 （0. 554）	0. 004 （0. 291）	0. 017 （1. 531）	0. 008 （0. 376）	−0. 002 （−0. 201）

续表

空间矩阵	邻接矩阵			距离矩阵		
因变量	Y_i	N_i	A_i	Y_i	N_i	A_i
模型	（1）	（2）	（3）	（4）	（5）	（6）
间接效应：FDI_i	−0.061 ** (−2.376)	−0.093 * (−1.691)	−0.055 (−1.284)	−0.057 (−1.507)	0.019 (0.231)	−0.096 (−1.161)
总效应：FDI_i	−0.039 (−1.525)	−0.081 (−1.413)	−0.051 (−1.106)	−0.039 (−1.046)	0.028 (0.325)	−0.099 (−1.165)

注：括号里面数值为对应变量的 t 统计值，其中 * 、 ** 、 *** 表示统计值在 10%、5% 和 1% 水平下显著。

表 3-19　动态空间 Durbin 模型—效应计算（续）

空间矩阵	经济矩阵		
因变量	Y_i	N_i	A_i
模型	（7）	（8）	（9）
直接效应：GDP_i	0.673 *** (12.082)	0.564 *** (4.955)	0.719 *** (9.718)
间接效应：GDP_i	−0.042 (−0.588)	0.062 (0.441)	−0.052 (−0.539)
总效应：GDP_i	0.631 *** (7.507)	0.626 *** (3.812)	0.666 *** (5.737)
直接效应：$Fgap_i$	−0.029 ** (−2.367)	0.015 (0.594)	−0.029 * (−1.778)
间接效应：$Fgap_i$	0.003 (0.186)	0.078 ** (2.311)	0.003 (0.141)
总效应：$Fgap_i$	−0.026 (−1.285)	0.093 ** (2.161)	−0.026 (−0.906)
直接效应：$s2g_i$	1.438 *** (4.886)	0.758 (1.256)	1.467 *** (3.852)
间接效应：$s2g_i$	0.474 (1.123)	2.121 ** (2.354)	0.585 (1.013)
总效应：$s2g_i$	1.913 *** (3.698)	2.879 ** (2.586)	2.052 *** (2.834)
直接效应：$t2g_i$	1.458 *** (4.134)	1.241 * (1.728)	1.589 *** (3.403)

空间矩阵	经济矩阵		
因变量	Y_i	N_i	A_i
模型	(7)	(8)	(9)
间接效应：$t2g_i$	−0.183 (−0.353)	1.154 (1.034)	0.233 (0.316)
总效应：$t2g_i$	1.276** (2.082)	2.395* (1.795)	1.822** (2.102)
直接效应：Den_i	−0.288*** (−11.781)	−0.263*** (−5.412)	−0.262*** (−8.011)
间接效应：Den_i	0.024 (0.622)	0.091 (1.162)	−0.001 (−0.012)
总效应：Den_i	−0.264*** (−5.816)	−0.172* (−1.904)	−0.262*** (−4.385)
直接效应：FDI_i	0.016 (1.465)	0.006 (0.266)	0.002 (0.132)
间接效应：FDI_i	−0.018 (−1.157)	0.003 (0.094)	−0.034 (−1.645)
总效应：FDI_i	−0.002 (−0.127)	0.009 (0.226)	−0.032 (−1.242)

注：括号里面数值为对应变量的 t 统计值，其中 * 、** 、*** 表示统计值在 10%、5% 和 1% 水平下显著。

四、小结

综上，本节分析了 2003—2015 年中国 266 个地级市土地财政的空间互动关系，Anselin Local Moran's I 结果表明：第一，沿海地区和西部地区的土地财政存在空间自相关特征。第二，东部地区有较高的人均土地出让金聚类，一定程度上反映了土地的高需求推动土地出让金的增长。第三，西部地区和东北地区出现了较低数值的人均土地出让金聚类，表明有强烈的投资竞争，因此土地出让金可能进一步降低。第四，在沿海地区或西部地区的一些相邻地区可以发现有较高或较低的公开市场出让收益聚类，表明可能存在跨边界的空间交互效应。

动态空间面板模型实证结果显示：地方政府的土地财政决策行为受相邻地区政府行为的影响。对全部的出让金而言，估计空间系数为 0.154，说明了土地出让空间模仿行为是存在的。对于协议出让和公开市场出让，其估计值分别为 0.252 和 0.411，空间模仿效应也是显著的。而且公开市场出让具有更大的空间模仿效应，因为较高的信息透明度可以促使地方政府调整其土地出让政策。

本研究还采用包括距离矩阵和经济矩阵在内的权重矩阵检验了土地财政空间交互影响的稳健性。距离矩阵充分考虑了地区间不同距离的空间影响，更能揭示地方政府间土地财政的模仿或竞争行为。采用人均 GDP 计算经济矩阵，结果显示空间滞后项对土地出让金有负向影响，可能是因为经济表现相近的地区存在策略性替代而产生资源竞争，同时也反映协议出让的信息不对称，存在信息传递的时间滞后。这也表明当地区间的经济表现相当时，将产生土地出让的协议出让竞争行为。

因此，在调控区域土地财政时，不仅需要辨析区域内影响因素及相互关系，还应在此基础上考虑到相邻区域的政策模仿效应，以制定更合理的政策。

本章主要结论

本章主要探讨地方政府土地财政区域差异的形成机理，并运用回归分析、Shapley 值分解法、PVAR 模型、空间计量模型，采用 2003—2015 年我国地级市的数据进行实证分析，主要结论如下：

第一，分税制改革是土地财政形成的直接诱因，现有的土地管理制度为土地财政的形成创造了条件，现有的政府官员的晋升制度为土地财政的形成提供了政治激励。不同区域土地税费收入、土地出让金及土地融资收益的差异是土地财政区域差异的直观表现。不同区域的区位因素、对外开放程度、经济发展水平、城市化水平、工业化水平、固定资产投资等的差异是土地财政差异形成的深层次原因。土地财政与其影响因素之间存在交互关系。同时，相邻地方政府的土地出让表现出相互模仿或竞争的空间互动行为，这种相互竞争或模仿遵循一定的时空扩散或传递机制，形成策略性互动。

第二，采用2003—2015年我国287个地级市的数据，对产生土地财政区域差异的因素进行回归，发现地区经济发展水平、土地城市化水平、第二产业比重和第三产业比重对于土地财政指标起到了显著的正向影响，但人口城市化水平、人口密度和经济开放度对土地财政指标的影响为负，预算内财政收支缺口则未对土地财政指标产生实质性影响。

Shapley值分解结果显示：从全国层面来看，第二产业比重及其所反映的工业化进程是导致土地财政区域差异的最重要因素；地区经济发展水平与第三产业比重是仅次于第二产业比重的影响因素；人口城市化水平、人口密度、土地城市化水平和经济开放度这四个因素的贡献度虽然较小，但仍然不可忽视；研究没有发现能够有效抑制土地财政区域差异的影响因素。

第三，土地财政与其影响因素之间存在互动关系，并且这种互动关系存在分区域差别。这表明，同样的要素对不同区域土地财政的影响是有差异的。如不分区域时，土地城市化对土地财政的影响以负向为主，分区域后各区域都表现出正向影响；而土地财政对土地城市化的影响，在不分区域情况下以正向影响为主，分区域后均为负向影响。

第四，应用动态空间面板模型研究了中国地方政府间由于空间相依性而产生的土地财政策略互动，发现土地出让金不仅与地区特征存在高度空间相关，而且与邻近地方政府的土地财政行为存在显著的空间效应。采用二元空间矩阵、距离矩阵和经济矩阵等三种不同空间矩阵，分别探讨公开市场出让和协议出让两类方式对地方政府土地财政行为的空间影响；结果表明，公开市场出让存在正向模仿效应，但协议出让却存在负向的策略性竞争行为。

第四章　地方政府土地财政区域
时空分异及聚类分区

本章首先采用自然正交函数（EOF）探讨土地财政区域时空分异规律，然后运用空间聚类方法进行分区，以揭示土地财政在空间上的聚类特征。

第一节　地方政府土地财政区域时空分异

课题组采用自然正交函数（EOF），综合考虑空间关系变量，分析土地财政空间分异特征及其时间变化规律。

一、自然正交函数（EOF）分析法

自然正交函数（EOF）是自然科学中研究时空演变的方法之一。自然正交函数也称特征向量分析，最早由1902年统计学家皮尔逊（K. Pearson）提出，1956年洛伦兹（E. N. Lorenz）首次将该方法用于气象和气候研究，自然正交函数主要对要素场进行时空分解，将场中任一空间点上的任一时刻观测值，看作多个空间函数和时间函数的线性组合。根据时间函数性质，通过提取前几个方差较大的时间函数和与之对应的空间函数，对原要素场进行估计，从而揭示原要素场的时空演变规律。

我国于 20 世纪七八十年代引进 EOF，并广泛运用于气象（李瑞民等，1998；南庆红等，2003；张铭等，2007）、自然灾害（方修琦等，1997）、植被变化（徐兴奎等，2006）等的研究。但在区域经济差异分析中应用相对较少：蒋国富等（2009）最早用该方法研究了河南省县域经济差异的时空变化，探讨了其对区域经济差异空间演变的解析能力和优势；杨东阳等（2015）用该方法揭示中原经济区县域经济差异的时空演变特征；许勇等（2015）采用经验正交分解法研究江苏省房地产投资与经济发展的协调性。由于相邻地市范围内的地方政府土地财政在空间上存在差异性，且随着时间的推移差异性呈现动态变化，因此，理论上可以通过自然正交函数对地市级的土地财政时空分异特征进行研究。

本研究以 287 个地级（及以上）市为研究对象，采用 2003—2015 年人均土地出让金的对数值表征土地财政。通过计算各地级市的人均土地出让金对数值的距平阵 F，以矩阵 F 作为自然正交函数的要素场，并将其分解为空间函数 E 和时间函数 Z，即：

$$F = (f_{ij})_{m \times n} = \begin{bmatrix} f_{11} & \dots & f_{1n} \\ \vdots & & \vdots \\ f_{m1} & \dots & f_{mn} \end{bmatrix} \tag{4-1}$$

式中：$m = 13$（年）；$n = 287$（地级市）；f_{ij} 为"原始人均土地出让金"场中第 i 年第 j 个市的距平值。由 $\partial_{jk} = \frac{1}{m} \sum_{i=1}^{m} f_{ij} k_{ik}$ 计算协方差矩阵 A：

$$A = (\partial_{jk}) n \times n = \begin{bmatrix} \partial_{11} & \dots & \partial_{1n} \\ \vdots & & \vdots \\ \partial_{n1} & \dots & \partial_{nn} \end{bmatrix}, \quad (j, k = 1, 2, \dots, n) \tag{4-2}$$

式中，A 为 $n \times n$ 阶实对称方阵。由 A 可以求出 A 的 n 个正实数特征值 λ_1，λ_2，$\dots \lambda_n$ 组成的对角矩阵 Λ。每一个非零特征值对应一个特征向量，即 n 个特征向量组成 V。

将所有特征向量值投影到原始人均土地出让金对数值的要素场上，就可以得到所有空间特征向量对应的时间函数（也称时间系数）矩阵Z：

$$Z = V^T F \tag{4-3}$$

式中：V^T 为 V 的转置矩阵；Z 的每一行数据就是对应每个特征向量的时间系数。

则原始矩阵 F 可表示为 n 个空间函数和时间函数 Z 的乘积，即：

$$f_{ij} = \sum_{k=1}^{n} Z_{ik} e_{kj}$$
$$= Z_{i1}e_{1j} + Z_{i2}e_{2j} + \cdots + Z_{im}e_{mj}(i = 1, 2, \cdots, m; j = 1, 2, \cdots, n) \tag{4-4}$$

另外，依据公式 $R_k = \lambda_k / \sum_{m=1}^{m} \lambda_i (k = 1, 2, \cdots p, p < m)$ 求得第 K 个主分量解释方差；根据公式 $G = \sum_{i=1}^{p} \lambda_i / \sum_{i=1}^{m} \lambda_i (p < m)$，求前 p 个主分量累计解释方差。一般情况下，选2—4个特征向量就可以拟合出原始要素场的主要特征，使累计方差达到99%以上，从而对原始要素场的时空分异特征具有较好的解释力（龚斌等，2013；方修琦等，1997）。

二、　数据处理过程

本研究选用287个地级市2003—2015年人均土地出让金指标作为各地级市"土地财政"的代理指标，借助于 Matlab7.0 软件计算协方差矩阵 A，A 的特征值 $\lambda_i (i = 1, 2, \cdots, 287)$、特征向量 E 和时间函数 Z。应用式（4-5）检验特征根误差范围的显著性（龚斌等，2013）。计算各项的方差贡献率及相应的累积贡献率（表4-1），前7项的累积贡献率达99.63%以上，其中前2项达90.85%，为了更清晰地展示土地财政时空分异特征，在 Arcgis10.2 中，分别以这2个特征向量作为各地级市人均土地出让金的属性值。

$$(\lambda_i - \lambda_{i+1}) \geq \lambda_i \sqrt{2/n} \tag{4-5}$$

表 4-1　前 7 项方差贡献率及累积方差贡献率

方差序号	1	2	3	4	5	6	7
方差贡献率%	80.42	10.43	4.24	2.18	1.26	0.61	0.50
累计方差贡献率%	80.42	90.85	95.09	97.26	98.52	99.13	99.63

三、 土地财政时空分异特征

(一) 第一个特征向量的时空分异特征

为直观显示特征向量值的空间分布情况，利用 Arcgis10.2 软件将特征向量值作为属性数据与空间数据连接后进行符号化，得到特征向量值的空间分布。第一特征向量值的空间分布（图 4-1）反映了 10 多年来各地级市人均土地出让金空间差异的总体格局，值越高表示人均土地出让金越高。

从空间分布来看，中国地级市人均土地出让金空间分异明显。主要特点：第一，人均土地出让金最高的地区主要位于东部及沿海地区，包括京津冀地区、山东半岛、辽东半岛、长三角、珠三角及闽东南地区，主要城市有北京、天津、青岛、上海、杭州、广州等地；西部、东北地区只有部分较为发达的省会城市较高，例如昆明、重庆、成都、哈尔滨、长春等；在人均土地出让金最高的阵营里，鄂尔多斯是一个例外，既非东部发达地区又非省会城市；第二，西部、东北地区人均土地出让金普遍较低，例如甘肃、陕西、黑龙江、吉林、云南等省份；第三，中部地区，除省会和部分发达城市外（如太原、阳泉、郑州、武汉、南昌、长沙、九江等），人均土地出让金不高；第四，第一特征值在东、中、西部呈现出阶梯状的差异，东部地区较高、中部次之、西部最低；与此同时，在城市等级上表现出经济发达城市和省会城市高、不发达城市低的特征。

从第一特征向量的时间系数年度图（图 4-2）可以看出，2003—2015 年全国地市级土地财政具有两个特点：第一，地市级"土地财政"的时序差异

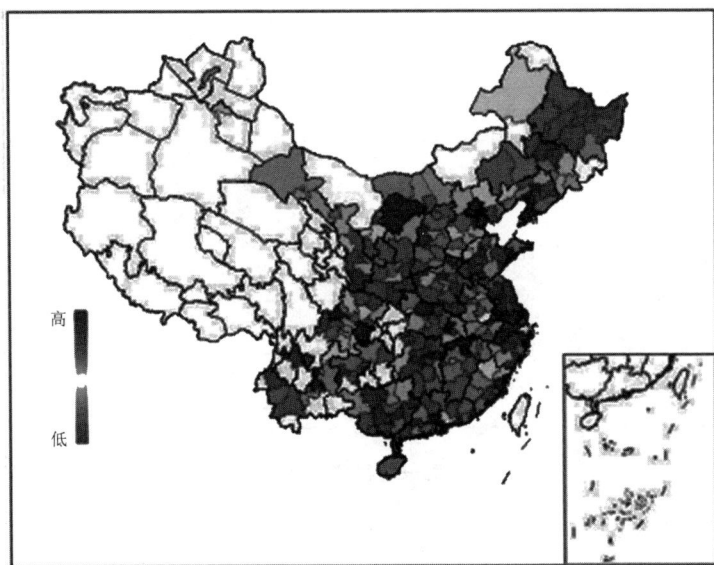

图 4-1　第一特征向量值的空间分布图

总体呈现波动变化的态势，2003 年的时间系数最小，为-23991，2011 年达到最大值 39507，此后呈逐步收敛的趋势；第二，2008 年对于第一主成分是一个转折点，时间权重系数在 2008 年后开始由负值转为正值，可能因为 2008 年国际金融危机全面爆发后，一系列的经济刺激政策使土地财政的区域差异拉大。

采用 Pearson 法计算第一特征向量值与每年各地级市人均土地出让金的相关系数（表4-2），可以看出，第一特征向量值与人均土地出让金相关系数较高，且在 0.01 水平上显著，这表明第一特征向量的代表性较好，能够反映 2003—2015 年来地市级"土地财政"区域差异的总体格局。

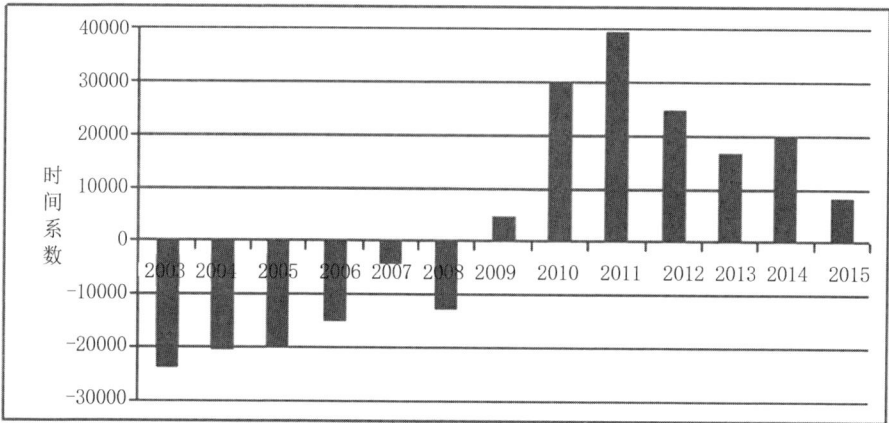

图 4-2　第一特征向量的时间系数

表 4-2　第一特征向量值与年人均土地出让金的相关系数

年份	2003	2004	2005	2006	2007	2008	2009
Pearson 相关系数	0.804**	0.783**	0.767**	0.811**	0.791**	0.861**	0.840**
显著性（单尾）	0.001	0.000	0.000	0.000	0.000	0.000	0.000
年份	2010	2011	2012	2013	2014	2015	
Pearson 相关系数	0.951**	0.983**	0.926**	0.945**	0.972**	0.916**	
显著性（单尾）	0.000	0.000	0.000	0.001	0.000	0.000	

** 相关系数在 0.01 水平上显著。

（二）第二特征向量的时空分异特征

图 4-3 是第二特征向量值的空间分布图。第二特征向量场的方差贡献为 10.43%，说明该特征向量具有一定的解释能力。第二特征向量值较高的地级市主要集中在长三角地区以及北京、天津、鄂尔多斯、北海、牡丹江等地。

从第二特征向量的时间系数年度图（图 4-4）可以看出，2003—2015 年

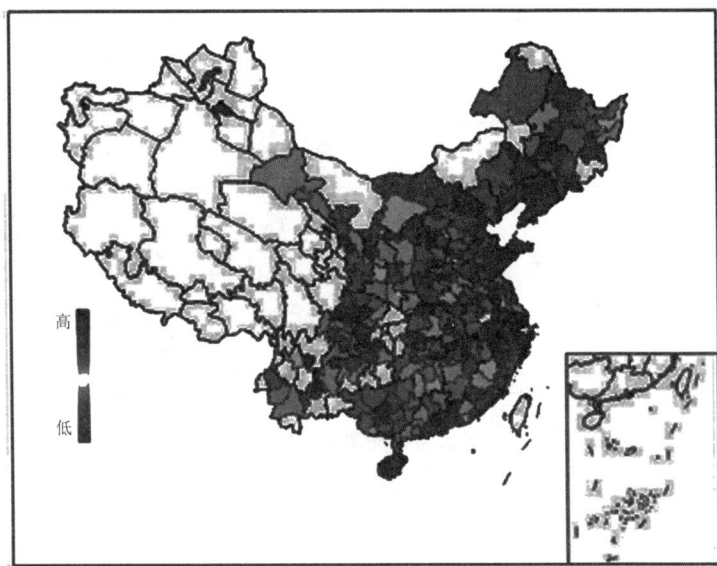

图 4-3　第二特征向量值的空间分布示意图

间，第二特征向量所代表的区域差异经历了"变大—变小—变大—变小"的跳跃式趋势。即 2003—2006、2011—2013 年，图 4-4 中的正值区人均土地出让金较低，但是 2007、2009—2010、2014—2015 年，其土地财政呈现明显上升趋势；而负值区在 2003—2006、2008、2011—2013 年，土地财政收入则有所增加，到了 2007、2009—2010、2014—2015 年，这种差异又开始明显增加。

四、　小结

课题组应用 EOF 方法，分析了全国 287 个地级市的土地财政区域时空分异，前两个特征向量的累计方差达到 90.85%，且第一个特征向量与年人均土地出让金高度相关，可以认为 EOF 方法能够较好地反映土地财政区域差异的时空特征。

通过 EOF 方法分析得出，我国土地财政呈现明显的时空分异特征，其中东部沿海城市及个别中西部省会或发达城市土地财政最为发达，中、西部地区

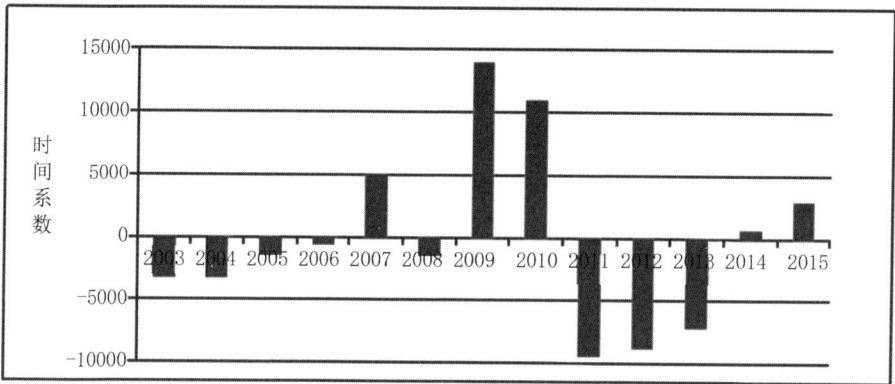

图 4-4 第二特征向量的时间系数示意图

土地财政欠发达。但空间分异特征在时间上具有动态演变特征，如 2008 年前，土地财政的空间分异特征较弱，而 2008 年以后的空间分异特征不断强化。

第二节 地方政府土地财政聚类分区

本节采用 Moran's I 指数验证土地财政空间相关性，在此基础上，将空间数据和属性数据相结合，采用空间聚类方法，根据 287 个地级市的人均土地出让金及城市特征数据进行分区，以揭示土地财政在空间上的聚类特征。

一、 研究方法

（一）Moran's I 指数法

莫兰（Moran PAP.）在 1948 年提出一种空间自相关分析的统计指标，即 Moran's I 指数（Moran PAP.，1948），由于其注重区域统计值与均值差异的共变性，对全局特征进行有效测度而受到普遍的关注和应用。计算公式如下：

$$I = \frac{n \times \sum_{i}^{n} \sum_{j}^{n} W_{ij} \times (y_i - \bar{y})(y_j - \bar{y})}{(\sum_{i}^{n} \sum_{j}^{n} W_{ij}) \times \sum_{i}^{n} (y_i - \bar{y})^2} \tag{4-6}$$

其中，I 为 Moran's I 指数，n 为 287 个地级市，y_i 以及 y_j 分别为第 i 个和第 j 个地级市的人均土地出让金，$\bar{y}$ 为 287 个地级市人均土地出让金的平均值，w_{ij} 为地级市之间的空间权重矩阵，用以衡量区域之间的相互邻近关系。以常用的二元邻接矩阵为例，若地级市 i 和地级市 j 相邻，则 $w_{ij} = 1$，否则 $w_{ij} = 0$。一般情况下，w_{ij} 为对称矩阵，$w_{ij} = 0$。

Moran's I 的取值一般在 -1 和 1 之间，在不存在空间自相关的零假设条件下，Moran's I 的期望值为：

$$E(I) = \frac{-1}{n+1} \tag{4-7}$$

因此，若 Moran's I $< E(I)$，则表示空间负相关，Moran's I $> E(I)$ 表示空间正相关，Moran's I $= E(I)$ 表示空间零相关，即该区域之间的属性值在空间上是随机分布的。一般情况下，n 值并非无穷大，因此 $E(I)$ 值始终会小于 0，如果在研究区内，区域单元数较小，$E(I)$ 值有可能是一个绝对值相对较大的负值，此时如果观测到负的 Moran's I 值，不能轻易认定该区域存在空间负相关，而是要将观测值与其期望值进行比较才能判定。但在非严格条件下，通常将 0 作为区分空间正负相关的分界。

通过比较 Moran's I 的观测值与期望值可以判定空间相关性，并进一步通过一种标准化 Z 值的方式，检验两者之间的差异是否具备统计学上的显著性。

一般而言，根据正态分布检验值，当 Z 值大于正态分布函数在 0.05（0.01）水平下的临界值 1.65（1.96），表明区域之间的属性分布具有明显的空间正相关关系；同理，如果 Z 值小于 -1.65（-1.96），则表明区域之间具有显著空间负相关关系。

（二）空间聚类法

土地财政除了与地块的规模与区位（刘佳等，2012）、要素禀赋（范剑勇等，2014）等因素有关，还与区域位置有关：从空间上看，土地财政"东高西低"（顾乃华等，2011；王小斌等，2014），经济越发达的地区土地出让收入越高且对土地财政收入依赖程度越高（王玉波等，2013）。许多学者采用传统聚类方法对土地财政的区域类型进行划分（蔡潇等，2015；王玉波等，2015），这种研究方法只考虑了研究对象的属性特征，而忽略了空间对象之间位置的相互作用，因此，存在较大的改进空间。本节拟将空间数据和属性数据相结合，完整描述地市级地方政府土地财政区域特征和差异状况，对地市级土地财政进行聚类分区。

根据李新运（2004）、陈小瑜等（2007）的研究结果，将区域中心 P_i 和 P_j 之间的空间距离 D_s 分解为位置距离 D_p 和属性距离 D_a，其中位置距离可以表达地物之间的邻近程度，属性距离则能刻画地物之间属性特征的相似性。用公式表示为：

$$D_p = \sqrt{(x_i - x_j)^2 + (y_i - y_j)^2} \tag{4-8}$$

$$D_a = \sqrt{\sum_{k=1}^{n} (a_{ik} - a_{jk})^2} \tag{4-9}$$

其中，(x_i, y_i)、(x_j, y_j) 分别是 P_i 和 P_j 的平面直角坐标，$(a_{i1}, a_{i2}, \cdots, a_{in})$ 为 n 个属性向量。

在聚类分析中，一般要求同类的地物既在空间上邻近，又在属性特征上相似，单独采用位置距离或属性距离作为聚类分析的尺度，均不能很好地满足这一要求。为此，定义 3 种位置距离和属性距离结合在一起的空间距离 D_s。第一种定义方法是把空间坐标和属性特征同等对待，则空间距离为：

$$D_s = \sqrt{(x_i - x_j)^2 + (y_i - y_j)^2 + \sum_{k=1}^{n} (a_{ik} - a_{jk})^2} \tag{4-10}$$

第二种定义方法是对位置距离和属性距离进行加权，W_p 为位置距离的权重，W_a 为属性距离的权重，则空间距离为：

$$D_s = W_p \sqrt{(x_i - x_j)^2 + (y_i - y_j)^2} + W_a \sqrt{\sum_{k=1}^{n} (a_{ik} - a_{jk})^2} \tag{4-11}$$

事实上，属性特征集中的 n 个特征对聚类分析的作用往往是不一样的，其重要性可用权重向量 $(W_1, W_2, \cdots, W_n)$ 来表示，于是还有第三种空间距离定义方法：

$$D_s = \sqrt{W_x(x_i - x_j)^2 + W_y(y_i - y_j)^2 + \sum_{k=1}^{n} W_k(a_{ik} - a_{jk})^2} \qquad (4-12)$$

其中，W_x、W_y 分别为赋予横坐标属性和纵坐标属性的权重。

计算时还须注意：①由于空间坐标和属性特征之间、各个属性特征之间的取值单位不一样，具体数值可能相差悬殊，为消除取值单位的影响，必须对坐标值和属性特征值进行无量纲化处理。②上述的第二、三种加权空间距离计算公式中的权重应满足归一化条件，即：

$$W_p + W_a = 1 \qquad (4-13)$$

$$W_x + W_y + \sum_{k=1}^{n} W_k = 1 \qquad (4-14)$$

这样可保证加权求和或加权求积的结果仍介于 0—1 之间，计算前后的数据具有纵向可比性。

二、 Moran's I 指数结果

以"共用公共边或公共节点"为相邻要素，采用欧式距离，并按年份对 287 个地级市的人均土地出让金进行标准化处理。得出 2003—2015 年的 Moran's I 指数、方差、Z 得分、P 值等（表4-3）。

表 4-3　Moran's I 指数结果

年份	2003	2004	2005	2006	2007	2008	2009
Moran's I 指数	0.652531	0.733689	0.697701	0.573459	0.655747	0.649365	0.778952
方差	0.001219	0.001187	0.001235	0.001166	0.001174	0.001219	0.001235
Z 得分	18.714645	21.315431	19.877427	16.81429	19.162496	18.618719	22.189204
P 值	0.000000	0.000000	0.000000	0.000000	0.000000	0.000000	0.000000
Moran's I 指数	0.833108	0.819340	0.748634	0.867498	0.754283	0.779221	

续表

年份	2003	2004	2005	2006	2007	2008	2009
方差	0.001262	0.001264	0.001236	0.001132	0.001164	0.001269	
Z 得分	23.469213	23.068455	22.083593	23.254293	19.384733	21.900183	
P 值	0.000000	0.000000	0.000000	0.000000	0.000000	0.000000	

由于研究个数固定，根据 Moran's I 的期望值计算公式，得到 Moran's I 指数期望值为-0.000781。从表4-3可以看出，2003—2015年间，287个地级市的人均土地出让金的Moran's I指数最小值为0.573459（2006年）、最大值为0.833108（2010年），均远高于期望值，初步表明287个地级市的人均土地出让金空间上存在正相关性，即人均土地出让金在287个地级市中存在高人均土地出让金地市与高人均土地出让金地市相邻、低人均土地出让金地市与低人均土地出让金地市毗邻的情况。

对上述结果进行显著性检验，2003—2015年全国287个地级市的Moran's I指数显著性检验的p值分别为0.00000（保留六位小数）。结果表明，在2003—2015年间均通过了1%的显著性水平检验。因此，2003—2015年中国287个地级市的人均土地出让金的空间聚集程度显著。

进一步通过显著性检验的Z值大小来测定彼此的空间自相关强度，以判断287个地级市土地出让金的聚集程度（A. Mitchell，2005）。一般而言，Z值越大，聚集程度越高。2003—2015年人均土地出让金的Z值最小值为16.81429（2006年）、最大值为23.469213（2010年），在时间上呈现"升—降—升—降"的特征，说明人均土地出让金空间聚集程度也有不同的变化。值得注意的是：2010年，Moran's I指数和Z值均是最高，表明该年度人均土地出让金的聚集程度最大。

以2003年、2007年、2011年、2015年作为代表年份（图4-5），四个年份的Moran's I指数分别为0.652531、0.655747、0.819340、0.779221；Z得分分别为18.714645、19.162496、23.068455、21.900183，远高于2.58

（1%的显著性水平）；p 值均为 0.00000（保留六位小数），通过了 1% 的显著性水平检验。因此，四个年份空间自相关的报告结果均呈现聚集特征（Clustered）。

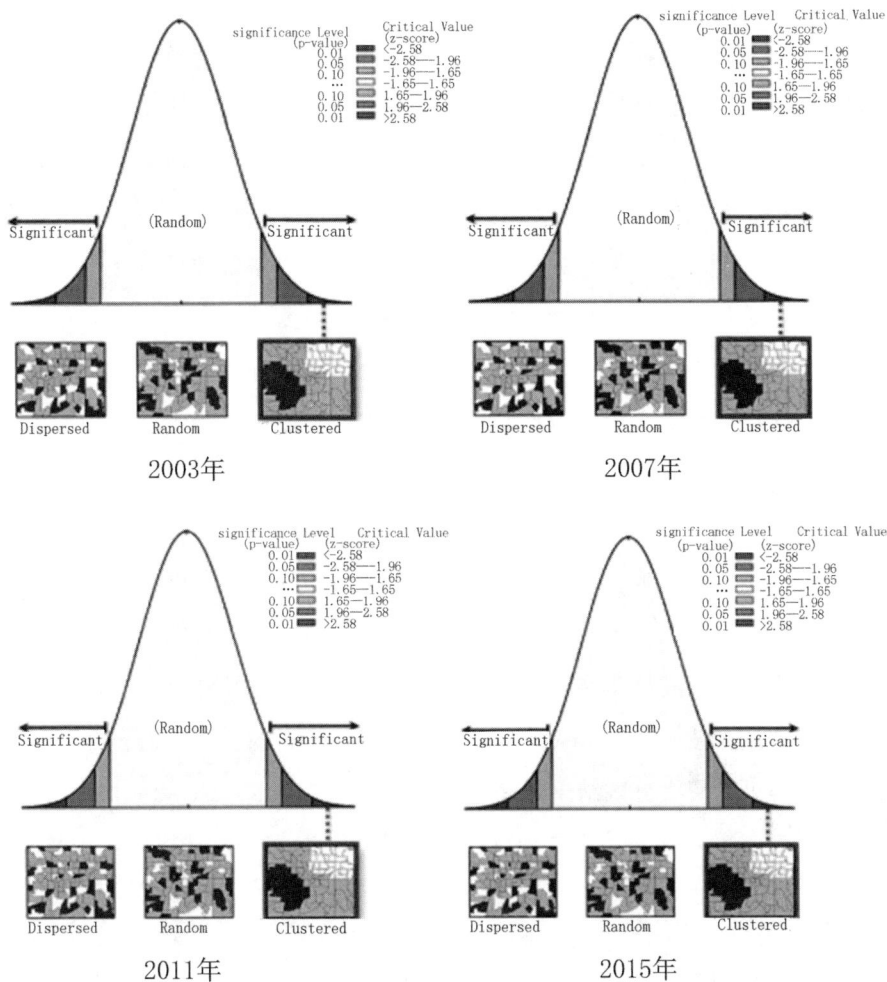

2003年

2007年

2011年

2015年

图 4-5　2003 年、2007 年、2011 年和 2015 年空间自相关结果图

三、 土地财政的空间分类

根据 Moran's I 指数结果，287 个地级市土地财政在空间上呈现显著的自相关性，再一次验证了骆祖春等（2011）关于土地财政收入存在显著正向空间自相关性研究结论，因此，可以对 287 个地级市进行空间聚类。本节基于 Arcgis10.2 环境提取了 287 个城市的空间坐标，作为 287 个地级市的位置距离计算依据；根据第三章的研究结果，人均 GDP、第二产业比率、第三产业比率、人口密度、人口城市化率、土地城市化率、经济开放度与土地财政相关性很高，可作为城市特征的代理变量，即属性数据。

应用 SPSS19.0 对空间数据和属性数据做标准化处理，采用式（4-11）的方法确定空间数据和属性数据的权重，基于"组间差异最大，组内差异最小"的目标，利用 K-means 法对 287 个地级市进行聚类分析。结果显示：如果分为 5 类，第一类和第二类会聚集 94% 的样本城市，划分类别不够合理；如果分为 6 类，空间聚集特征较为明显，且组内差异较小，但是有两个城市单独聚类；如果分为 7 类，城市过于分散，很多城市形成小的斑块镶嵌于另一类城市当中，空间分布凌乱。考虑到空间分布的连续性和各个指标的相近性，本研究认为按照 4 类分法最为理想，将单独聚类的 2 个城市合并到与其接近的分类里，聚类分区结果如表 4-4 所示。

表 4-4　全国 287 个地级市土地财政特征指标聚类分区①

	土地财政发达区	土地财政发展区	土地财政欠发达区	土地财政落后区
个数	36	40	90	121
代表城市	北京市、上海市、广州市、深圳市、大连市、成都市、鄂尔多斯市	包头市、济南市、兰州市、太原市、西安市、银川市、长春市、重庆市	白城市、宝鸡市、保定市、本溪市、嘉峪关市、朔州市、四平市、台州市	定西市、抚州市、阜阳市、汉中市、来宾市、攀枝花市、湘潭市、孝感市、遵义市
人均土地出让收入	2.06223	-.16018	-.22732	-.40846
人均 GDP	1.08149	-.00809	-.14019	-.41644
人口城镇化率	0.14228	1.03234	0.03393	-.62457
土地城镇化率	0.14259	0.11161	-.12296	-.33467
第二产业比重	0.57650	0.67559	-.49372	-.52715
第三产业比重	1.36560	0.22901	-.65121	-.11365
人口密度	0.01627	-.01991	-.15669	-.12252
经济开放度	0.36990	0.34114	-.24162	-.32602

＊数据为标准化后数据。

聚类分区的图示结果表明，四类区域空间聚集程度较为明显（图 4-6）。第 I 类：土地财政发达区，主要分布在长三角、珠三角、京津冀地区，还包括一部分发达的省会城市、计划单列市和中西部部分发达城市。第 II 类：土地财政发展区，主要分布在东北地区，还包括西部省会城市及中东部部分地级市。第 III 类：土地财政欠发达区，主要分布在东北、华北及中部地区。第 IV 类：土地财政落后区，主要分布在中部和西部地区，零星分布在东北及东部地区。

第 I 类：土地财政发达区。共包括 36 个地级市，代表城市有：北京市、上海市、广州市、深圳市、南昌市、大连市、青岛市、成都市、鄂尔多斯市

① 表格数据为标准化处理后的数据。

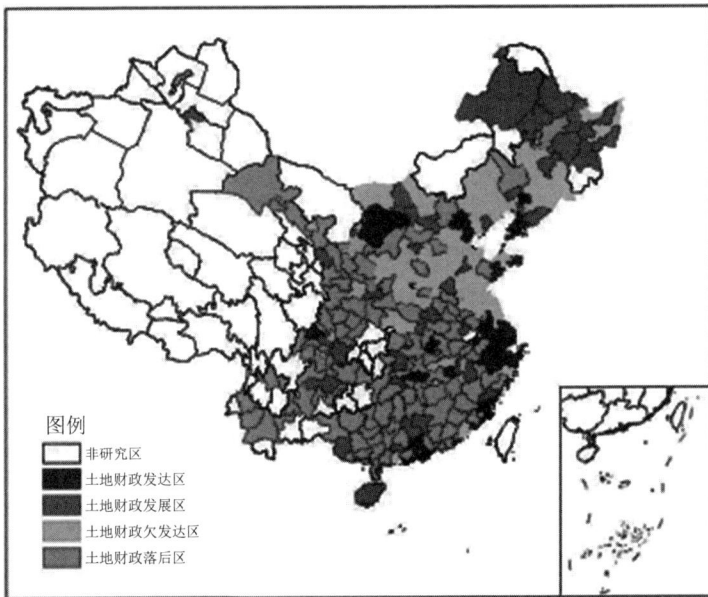

图 4-6　全国 287 个城市土地财政聚类分区图

等。该类型区城市在经济、城市化、工业化快速发展的同时，吸引了大量的外来人口，因此人口密度非常大；由于产业发展好、人口多，工业用地、商服用地、住宅用地需求量都非常大，因此土地城市化率非常高，同时受制于人口众多和未来城市空间拓展土地资源稀缺等问题，这类城市也承受"大城市病"的影响；由于产业发展良好，税收收入较高，经济发展及公共服务建设会逐渐减少对土地财政的依赖。

第Ⅱ类：土地财政发展区。共包括 40 个地级市，代表城市有：鞍山市、阜新市、哈尔滨市、兰州市、西安市、西宁市、乌鲁木齐市、重庆市、大同市、海口市等。这类城市大部分为二、三线城市，经济发展较好、土地财政比较发达，第二产业比重和人口城镇化率较高。工业产品输出带来大量经济利益，人均 GDP 较高，预算内财政收支缺口较小。但是产业结构较为单一，主要是工矿产业及与其相关的服务业，因此第二产业比重较第三产业比重高。由于第二产业发达，相当数量建设用地用于产业发展而非房地产业，因此土地城市化率并没有第Ⅰ类区域那么高。这类城市经济易受国际工业产品价格波动及汇率的影响，波动较大；同时，部分城市由于自然资源开发规律以及矿产资源不可再生的影响，将面临资源枯竭的危险。

第Ⅲ类：土地财政欠发达区。共包括90个地级市，代表城市有：本溪市、鹤岗市、保定市、滨州市、运城市、鹰潭市、宝鸡市、徐州市、吴忠市、自贡市、十堰市等。这类城市土地财政较为落后，城镇化率较低，第二产业、第三产业不发达，人口密度低，整体发展状态欠佳。尽管享受东北振兴、中部崛起、西部大开发等扶持政策，但由于产业基础薄弱，城市区位也较差，第二、三产业发展状态均不佳，存在产业发展质量差、内部结构欠协调的问题，对人的吸引力有限，出现"人口外流"现象，因而对土地的需求并不是非常强烈，土地城市化率和人均土地出让金收入均较低。

第Ⅳ类：土地财政落后区。共包括121个地级市，代表城市有：安庆市、滁州市、鄂州市、抚州市、白银市、达州市、百色市、固原市、贵港市、昭通市、遵义市等。这类城市土地财政落后、经济不发达，城镇化率低，第二产业不发达。这类城市服务业强于工业，土地出让主要用于商业、服务业、住宅，工业用地相对较少。未来有大量可开发利用的土地，但产业发展、经济发展任务较为紧迫。

本章主要结论

本章研究了地方政府土地财政区域时空分异及聚类分区特征，主要结论有：

第一，我国土地财政呈现明显的时空分异特征，其中东部沿海城市及个别中西部省会或发达城市土地财政最为发达，中西部地区土地财政欠发达。但空间分异特征在时间上具有动态演变特征，如2008年前，土地财政的空间分异特征较弱，而2008年以后的空间分异特征不断强化。

第二，我国土地财政在空间上呈现出四类区域的空间聚集特征。第Ⅰ类：土地财政发达区，主要分布在长三角、珠三角、京津冀地区，及一部分发达的省会城市、计划单列市和中西部部分发达城市。第Ⅱ类：土地财政发展区，主要分布在东北地区，还包括西部省会城市及中东部部分地级市。第Ⅲ类：土地财政欠发达区，主要分布在东北、华北及中部地区。第Ⅳ类：土地财政落后区，主要分布在中部和西部地区，零星分布在东北及东部地区。

第五章 土地财政区域差异的选案分析

对土地财政区域差异开展选案分析，有助于进一步发掘土地财政在特定区域的现状特征及形成原因，从中观层面拓展对土地财政区域差异形成机理的具体认识。在绿色崛起的区域发展战略背景下，江西面临着经济发展和生态保护的双重压力，关注土地财政区域差异问题，有助于更加具体理解土地财政背后的地方政府行为。本章首先以江西省为例，分析同一省内各地级市间土地财政区域差异特点、成因及效应；然后以江西省上饶市为例，研究同一地市内各县级地方政府土地财政的区域差异。

第一节 省级层面的土地财政区域差异案例：
江西省

江西省地处中国中部，包括 11 个设区市、100 个县（市、区），全省面积 16.69 万平方公里，2016 年末总人口 4592 万人。江西常态地貌类型以山地、丘陵为主，山地占全省面积的 36%，丘陵占 42%，平原占 12%。2016年，全省实现生产总值 18364.4 亿元，财政总收入 3143 亿元。

一、 江西省土地财政基本特征①

（一）土地财政规模持续增大，地方财政对土地财政的依赖程度较高

2003—2015 年十多年间，江西省土地财政收入规模持续增长，从 2003 年的 109.07 亿元增长到 2015 年的 1514.21 亿元，增长了 12 倍多（表5-1）。土地财政收入与预算收入的比值非常高，最少的年份是 51.07%（2008 年），最高的年份达到了 106.35%（2013 年）。土地财政收入与预算收入的比值反映出江西省地方财政对土地财政收入的依赖程度较高，由于土地财政的不稳定性和不可持续性，将会给全省财政带来一定的风险。考察 2003—2015 年期间的 GDP 数据，发现江西省经济持续增长，土地财政收入与 GDP 的比值从 2003 年的 3.89% 增长到 2015 年的 9.05%，最高的年份是 2013 年，土地财政与 GDP 的比值为 11.96%。

表 5-1　2003—2015 年江西省土地财政基本状况

年份	财政预算收入（亿元）	GDP（亿元）	土地财政收入（亿元）	土地财政/预算收入（%）	土地财政收入/GDP（%）
2003	168.17	2807.41	109.07	64.86	3.89
2004	205.77	3456.7	151.26	73.51	4.38
2005	252.92	4056.76	191.10	75.56	4.71
2006	305.52	4820.53	223.71	73.22	4.64
2007	389.85	5800.25	257.50	66.05	4.44
2008	488.65	6971.05	249.54	51.07	3.58
2009	581.3	7655.18	420.42	72.32	5.49

① 本节数据来源：《江西省统计年鉴（2004—2016 年）》，《中国国土资源统计年鉴（2004—2016 年）》和国家统计局数据网站 http://data.stats.gov.cn/index.htm。

年份	财政预算收入（亿元）	GDP（亿元）	土地财政收入（亿元）	土地财政/预算收入（%）	土地财政收入/GDP（%）
2010	778.09	9451.26	790.32	101.57	8.36
2011	1053.43	11702.82	998.25	94.76	8.53
2012	1371.99	12948.88	1078.35	78.60	8.33
2013	1621.24	14410.19	1724.12	106.35	11.96
2014	1881.83	15714.63	1469.83	78.11	9.35
2015	2165.74	16723.78	1514.21	69.92	9.05

（二）财政收支缺口逐渐增大，财政赤字率显著提高

尽管 2003—2015 年间江西省财政收入持续增长，但是财政支出规模庞大，导致财政缺口逐渐增大，如 2003 年财政缺口为 213.93 亿元，2015 年为 2246.81 亿元，财政赤字率也从 2003 年的 7.62% 增加到 2015 年的 13.43%（表 5-2），远超国际上的赤字率警戒线 3%。在财政缺口可能不断扩大的背景下，土地财政也将成为江西省地方政府应对财政赤字的重要措施之一。

表 5-2　2003—2015 年江西省一般预算内财政收支状况

年份	一般预算收入（亿元）	一般预算支出（亿元）	财政收支缺口（亿元）	赤字率（%）
2003	168.17	382.1	213.93	7.62
2004	205.77	454.06	248.29	7.18
2005	252.92	563.95	311.03	7.67
2006	305.52	696.44	390.92	8.11
2007	389.85	905.06	515.21	8.88
2008	488.65	1210.07	721.42	10.35
2009	581.3	1562.37	981.07	12.82

续表

年份	一般预算收入 （亿元）	一般预算支出 （亿元）	财政收支缺口 （亿元）	赤字率 （%）
2010	778.09	1923.26	1145.17	12.12
2011	1053.43	2534.6	1481.17	12.66
2012	1371.99	3019.22	1647.23	12.72
2013	1621.24	3470.3	1849.06	12.83
2014	1881.83	3882.7	2000.87	12.73
2015	2165.74	4412.55	2246.81	13.43

（三）土地出让金是江西省土地财政收入的主要来源

从表5-3可以看出，2003—2015年江西省土地出让金整体呈上升态势，土地出让金收入占全年财政收入比例呈波动增长，其中2003年到2005年，这一比例从30.76%增长至35.45%，经历了3个下降的年份，到2008年达到最低值18.79%，之后又增长至49.16%（2010年）、56.75%（2013年），到2015年降低至33.54%，仍然比2003年高出约3个百分点。考察期内土地出让金占土地财政收入的比值呈波动下降的态势，从2003年的80.59%下降到2015年的66.93%；但是从绝对数值上看，2003—2015年间，土地出让金占土地财政的比例均高于60%，这说明土地出让金收入是地方政府土地财政收入的重要来源。

表5-3　2003—2015年江西省土地出让金及地方财政收入情况

年份	土地出让金 收入（亿元）	全年财政收入 （亿元）	土地出让金收入 占全年财政收入 比例（%）	土地财政收入 （亿元）	土地出让金收入 占土地财政收入 比例（%）
2003	87.90	285.80	30.76	109.07	80.59
2004	121.70	350.80	34.69	151.26	80.46

续表

年份	土地出让金收入（亿元）	全年财政收入（亿元）	土地出让金收入占全年财政收入比例（％）	土地财政收入（亿元）	土地出让金收入占土地财政收入比例（％）
2005	150.98	425.90	35.45	191.1	79.01
2006	175.79	518.10	33.93	223.71	78.58
2007	188.93	664.60	28.43	257.5	73.37
2008	153.47	816.80	18.79	249.54	61.50
2009	293.22	928.70	31.57	420.42	69.74
2010	602.72	1226.00	49.16	790.32	76.26
2011	763.89	1645.00	46.44	998.25	76.52
2012	770.22	2046.00	37.64	1078.35	71.43
2013	1338.45	2358.43	56.75	1724.12	77.63
2014	1013.95	2680.96	37.82	1469.83	68.98
2015	1013.49	3021.83	33.54	1514.21	66.93

（四）土地税费收入是江西省土地财政收入的重要来源

从2003—2015年江西省的土地税费收入可以看出（表5-4），江西省土地税费收入增长稳定。2003年，城市维护建设税、契税和房产税在五种土地税费收入中数额较大；而2015年，契税、土地增值税、耕地占用税在五种土地税费收入中数额较大；由于城市维护建设税、契税和房产税主要在城市建设与房地产交易过程中征税，而契税、土地增值税、耕地占用税与城市建设、征地拆迁等紧密相连，这说明，在2003—2015年间，江西省城镇化过程经历了以占用耕地、大量建设为特征的城镇化发展过程。

表 5-4　2003—2015 年江西省土地税费收入情况　　　　单位：亿元

年份	城市维护建设税	房产税	城镇土地使用税	土地增值税	耕地占用税	契税
2003	8.22	3.54	1.63	0.55	0.38	6.85
2004	10.29	3.94	1.92	1.42	0.73	11.26
2005	11.27	4.66	2.31	2.05	4.87	14.96
2006	13.46	5.23	2.90	4.05	3.75	18.53
2007	17.01	5.78	4.40	10.14	5.08	26.16
2008	19.96	6.80	12.28	12.33	11.80	32.90
2009	23.42	7.77	12.45	16.33	22.92	44.31
2010	30.75	9.13	15.67	25.72	35.74	70.59
2011	41.80	11.35	18.28	37.33	47.20	78.40
2012	47.99	15.86	25.17	52.28	71.76	95.07
2013	57.60	21.49	31.95	80.25	69.82	124.56
2014	66.26	27.71	40.62	113.84	76.83	130.62
2015	70.85	34.29	44.11	128.84	86.30	136.33

（五）江西省各地市土地出让金差异较大

考察 2009—2012 年江西省各地级市的土地出让金收入（表 5-5），可以看出，江西省各地级市土地出让金总量、增长速度、变化趋势差异较大。2009 年各地市土地出让金极差为 71.76 亿元、极商为 17.05，2012 年相应的数值为 148.49 亿元、13.38，表明江西省各地市土地出让金总体差距较大。从各地级市来看，除新余外，其余各市土地出让金收入均存在不同程度的增长，如南昌市从 2009 年的 76.23 亿元增长到 2012 年的 160.49 亿元，鹰潭市从 4.47 亿元增长到 32.22 亿元；但是从增长速度来看，各个地市差别很大，其中南昌、景德镇、九江、赣州、宜春、抚州呈跳跃性增长，而鹰潭、上饶则表现出持续增长的趋势。

表 5-5　2009—2012 年江西省各地级市土地出让金　　　　　单位：亿元

地级市	2009	2010	2011	2012
南昌	76.23	149.76	196.82	160.49
景德镇	13.54	24.14	17.59	24.97
萍乡	12.27	10.42	32.38	17.43
九江	37.79	89.41	123.87	117.65
新余	20.46	11.29	37.21	12.00
鹰潭	4.47	21.23	26.27	32.22
赣州	37.43	101.69	86.02	141.02
吉安	13.55	47.72	49.69	58.43
宜春	33.06	57.02	90.29	85.77
抚州	27.56	41.35	48.72	43.27
上饶	16.87	48.70	55.03	76.98
极差	71.76	139.34	179.23	148.49
极商	17.05	14.37	11.19	13.38

注：极差=最大值-最小值，极商=最大值/最小值。

二、 土地财政区域差异统计分析

从人均土地出让金可以看出（表 5-6），2003 年人均土地出让金最高为 1208.57 元（南昌市），最低的仅为 63.19 元（鹰潭市），极差为 1189.45 元；2011 年，最高的人均土地出让金达到了 11957.59 元（南昌市），最低的为 286.02 元（鹰潭市），极差增至 11915.78 元，约为 2003 年的 10 倍。

表 5-6　2003—2015 年江西省土地财政指标描述性统计结果

年份	人均土地出让金收入（元）	最大值（元）	最小值（元）	极差（元）	极商（倍）
2003	317.55	1208.57	63.19	1189.45	19.13
2004	548.43	2361.83	15.16	2206.03	155.80
2005	757.70	3801.66	69.99	3747.34	54.32
2006	770.08	3501.32	45.34	3424.09	77.23
2007	759.00	3443.92	44.52	3366.56	77.36
2008	741.34	3399.30	43.92	3321.91	77.40
2009	1183.62	4757.85	49.81	4662.32	95.53
2010	2281.20	9178.51	209.29	9134.65	43.86
2011	3052.40	11957.59	286.02	11915.78	41.81
2012	2731.04	9627.22	342.78	9599.14	28.09
2013	3917.22	13519.80	407.08	13486.59	33.21
2014	3581.94	11509.97	634.96	11491.84	18.13
2015	3604.32	10217.78	640.87	10201.84	15.94

注：极差=最大值-最小值，极商=最大值/最小值。

表 5-7 是江西省 2003—2015 年 11 个地级市以人均土地出让金收入计算的变异系数（CV）、基尼系数、泰尔指数（GE_1）、对数变异系数均值（GE_0）和艾肯森 Atkinson 指数[①]。因为测度指标具有无量纲属性，为比较土地财政区域差异随时间的变化特征，将每年的区域差异指数转换成 2003 年的相对值（图 5-1）。

从表 5-7 和图 5-1 可以看出：第一，在样本考察期间，江西省土地财政的区域差异整体上表现出"扩大—缩小—扩大"的特征。从 2003 年开始，各测度指标的系数值均连续两年上升，到了 2005 年，各个指标都达到了考察期间的最大值，2006 年后，各测度指标经历"下降—上升—下降—上升"

_____

[①]　具体计算方法详见第二章第一节。

的过程，其中 2009 年、2013 年为两个波谷年份。第二，本节所采用的五个反映区域差异的测度指标呈现出基本相似的变化过程，表明这几个指标在测度土地财政区域差异方面具有十分优良的一致性。第三，在 2003—2015 年间，江西省土地财政区域差异波动性大，但是相对于 2005 年的峰值，2015 年土地财政指标的区域差异已明显缩小，其中基尼系数为 0.6069、泰尔指数为 0.6126（这两项指标均超过了 0.5，说明 2015 年江西省土地财政差异仍然较大）。

表 5-7　2003—2015 年江西省土地财政区域差异分析结果

年份	基尼系数	变异系数	泰尔指数	对数变异系数均值	艾肯森指数
2003	0.4783	1.0771	0.4077	0.4026	0.0981
2004	0.5616	1.2767	0.5697	0.6800	0.1444
2005	0.6515	1.5322	0.7998	0.9599	0.2045
2006	0.5913	1.3485	0.6515	0.7178	0.1583
2007	0.5907	1.3458	0.6285	0.7165	0.1579
2008	0.5884	1.3489	0.6267	0.7090	0.1566
2009	0.5662	1.2383	0.6236	0.6784	0.1453
2010	0.5821	1.3505	0.5641	0.6876	0.1568
2011	0.5844	1.3449	0.6341	0.6769	0.1566
2012	0.5649	1.2883	0.5916	0.6339	0.1464
2013	0.5317	1.2629	0.5239	0.6179	0.1347
2014	0.5730	1.2678	0.5880	0.6550	0.1481
2015	0.6069	1.3543	0.6126	0.6876	0.1590

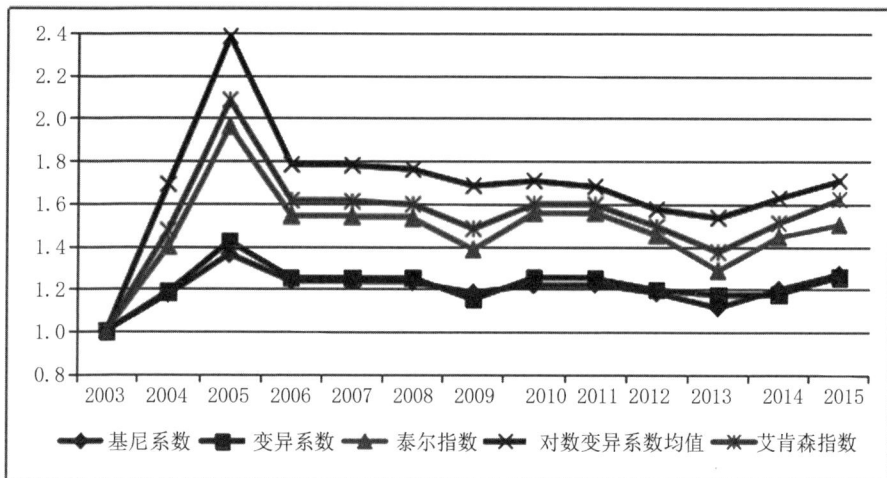

图 5-1　2003—2015 年江西省土地财政区域差异的演变

三、 江西省土地财政区域差异的影响因素分析

（一） 研究方法及变量选取

课题组进一步对江西省土地财政区域差异的成因进行实证分析和贡献分解。首先，采用江西省人均土地出让金收入为土地财政指标的代理变量，地区经济发展水平、预算内财政收支缺口、人口城市化水平、土地城市化水平、第二产业比重、第三产业比重、人口密度对数及经济开放度为解释变量，进行多元回归分析。其次，在回归的基础上，利用 Shapley 值分解法研究影响因素对土地财政区域差异的贡献。

（二） 研究数据说明

以 2003—2015 年江西省 11 个地级市的面板数据为研究样本，为统一量纲，部分变量在实际模型中进行了对数变换。所使用的数据来自《江西统计年鉴》《中国国土资源年鉴》，具体变量含义及描述统计结果如下（表 5-8）。

表5-8　主要变量的含义及描述性统计结果

变量名称	说明	均值	标准差	中位数	最小值	最大值
lny	人均土地出让金收入对数	6.246743	1.373831	6.2099	2.718628	9.389121
lngdp	人均GDP对数	9.306063	.585323	9.2704	8.242789	10.72957
fgap	预算内财政收支缺口	1.274003	.531102	1.2979	.22281	2.237488
url	人口城市化水平	.2424305	.1414043	.2386	.028219	.5780783
uol	土地城市化水平	.008668	.0103311	.0348	.0004825	.0444234
s2g	第二产业比重	.5054027	.0963897	.5134	.0192986	.6699
t2g	第三产业比重	.3364827	.0628279	.3224	0.2367	.5439
lnden	人口密度对数	-3.471936	.3738825	-3.514	-4.000053	-2.596934
open	经济开放度	.0812628	.1816642	.0230	.32500	1.276204

（三）江西省土地财政指标影响因素的回归结果

采用Stata13.0计量分析软件对数据进行模型估计。首先，将所有的解释变量引入回归方程，进行模拟计量，输出结果见表5-9的行（1）。结果显示，除变量经济开放度（open）不显著外，其余变量均在1%、5%或10%水平下显著。其次，剔除变量经济开放度，保留其余变量，重新构建模型，输出结果见表5-9的行（2），结果显示，所有变量均通过显著性检验，方向与表5-9的行（1）保持一致。

表5-9　江西省土地财政指标影响因素的回归结果

	lngdp	fgap	url	uol	s2g	t2g	lnden	open
(1)	1.3343*** (0.2246)	0.31963** (0.1852)	-2.4456*** (0.8825)	0.7710** (0.1971)	0.6329** (0.2173)	0.0839* (0.0084)	-1.2958** (0.6937)	-0.1117 (0.3821)
(2)	1.3748*** (0.1995)	0.3362** (0.1788)	-2.555*** (0.8590)	.0958** (0.270)	0.8225** (0.2872)	0.3276* (0.0091)	-1.2509** (0.7752)	

注：（1）括号内的数字为标准误；（2）***、**和*分别代表显著性水平为1%、5%和10%。

根据回归结果，人均 GDP 系数为正，且在 1%水平下显著，说明经济的发展对土地财政有积极促进作用。财政收支缺口符号为正，并且显著，说明在江西省财政收支缺口对土地财政有拉动作用。随着人口不断向城市聚集，对住宅、基础设施及公共服务的需求不断加大，同时征地拆迁成本也在增加，江西省各地方政府财政支出必然增加，因此人口城市化对土地财政的影响显著为负。根据国家统计局网站数据，江西城市建成区面积从 2005 年的598.54 平方公里增加到 2015 年的 1295.65 平方公里，城市用地快速增加，土地用途的改变大大提升了土地价值，在以竞价方式出让经营性土地使用权下，导致土地财税收入增加，故模型中表现出土地城市化对土地财政的影响显著为正。人口城市化、土地城市化对土地财政的系数分别为一正一负，表明江西省的人口城市化与土地城市化不协调。

第二产业比重、第三产业比重对土地财政的影响显著为正，说明随着第二、三产业发展，对工业用地和商住用地的需求不断增加，土地财政收入随之上升。人口密度对土地财政收入的影响显著为负，表明人口密度对土地财政增长有抑制作用，与之前结论相同。对外开放水平对土地财政的影响不显著，原因可能是江西省是一个内陆省份，对外开放水平比较落后，比如 2003 年江西外商投资企业投资总额 2939 百万美元，占全国的 0.2%，2015 年为72578 百万美元，占全国的 1.6%，因此对外开放水平对土地财政的影响不大。

综合上述分析，排除对外开放度（open）这一不显著变量，选择其余七个解释变量进行下一步的土地财政区域差异成因分解。

（四）江西省土地财政区域差异成因探析

以上回归分析解释了土地财政指标的影响因素，课题组进一步通过 Shapley 值分解法研究这些因素对于土地财政区域差异的贡献。基于表 5-9 的回归结果，可以使用模型拟合值来量化土地财政指标的区域差异，由于影响土地财政指标的各类因素未能完全纳入模型中，所计算得出的拟合值可解释大约 58.65% 的区域差异性。

2003—2015 年江西省土地财政区域差异成因的贡献分解结果表明（表 5-10），在影响土地财政指标区域差异的各类因素中，第二产业比重的影响贡献最大，在考察期内其平均贡献水平达到了 36.21%。第二产业比重在江西省内各地市之间差别较大（表 5-11），如在 2003 年赣州、吉安、宜春、抚州的第二产业比重均不到 0.4，而南昌、景德镇、九江已达 0.5 以上；至 2012 年各地市第二产业比重均有所上升，但仍存在较大差距，如上饶、宜春与新余、九江等地差距明显，2015 年各地市第二产业发展水平开始缩小。由于工业化进程是影响土地财政收入的重要因素，第二产业越发达的地区越容易获得更高的土地出让金收入，进而显著扩大土地财政指标在各地区间的差异。

表 5-10 2003—2015 年江西省土地财政区域差异成因的贡献分解

变量	贡献度（%）	排序
地区经济发展水平	33.50	2
财政收支缺口	10.00	3
人口城市化水平	4.36	6
土地城市化水平	1.77	7
第二产业比重	36.21	1
第三产业比重	8.48	4
人口密度	5.67	5

注：排序是指对土地财政区域差异形成的影响因素进行排序，最重要的影响因素排名第 1，最不重要的因素则排名第 7。

表 5-11　江西省各地市第二产业比重对比

	南昌	九江	赣州	吉安	萍乡	鹰潭	新余	宜春	上饶	景德镇	抚州
2003	0.54	0.52	0.38	0.38	0.48	0.43	0.47	0.33	0.43	0.58	0.37
2012	0.59	0.63	0.51	0.56	0.56	0.53	0.63	0.47	0.40	0.60	0.52
2015	0.54	0.53	0.44	0.49	0.57	0.59	0.55	0.51	0.49	0.57	0.50

地区经济发展水平对区域差异的平均贡献达到了 33.5%，仅次于第二产业比重。一般而言，经济发达地区，土地需求旺盛，土地价格相应较高，土地财政收入也比其他地区多。从江西各市的人均 GDP 看（表 5-12），2003年、2012 年人均 GDP 相差最大的均是南昌市与上饶市，分别相差 10572 元、35674 元，2015 年最高与最低的地市分别是新余市与赣州市，两者人均 GDP 相差 58206 元，差距继续扩大。从表 5-12 中还可发现，经济发达地区主要集中在以南昌市为中心的北部。

表 5-12　江西省各地市人均 GDP 对比　　　　　　　　　单位：元

	南昌	九江	赣州	吉安	萍乡	鹰潭	新余	宜春	上饶	景德镇	抚州
2003	14372	6606	4326	4431	7834	7291	9433	4745	3800	9104	4482
2012	45687	20376	10981	11903	25478	22135	32361	13998	10013	28415	13381
2015	75879	39505	23148	27168	48133	55568	81354	29457	24633	47216	27735

财政收支缺口解释了区域差异的 10%，整体上来看，虽然江西省各地市的财政收入不断增加，但支出也日趋庞大，2003—2015 年江西省所有地市的预算支出都大于收入。各地市经济发展状况的差异、宏观环境的变化等因素都会影响税收及非税收入，各地市的财政支出也各有侧重，因此会形成财政收支情况的较大差距，2003 年南昌市财政收支缺口最小（0.26），抚州市最大（1.89），2015 年财政收入缺口最小与最大的是南昌市和赣州市，分别为 0.4、1.5，可见差距较大。

除以上三个主要因素外，第三产业比重、人口密度、人口城市化水平、土地城市化水平对土地财政指标区域差异的平均贡献分别为 8.48%、5.67%、4.36% 及 1.77%，均在 10% 以下。结合第二章的研究结论，可以发现，第二产业和经济发展水平不论是在江西省还是全国都是形成土地财政区域差异的主要因素，但其余因素影响的重要性并不相同。

四、 各地市土地财政区域差异效应分析

根据 Shapley 值分解法得出，江西省土地财政区域差异最重要的前三项影响因素有：第二产业比重、地区经济发展水平和财政收支缺口。为准确评价、揭示某一土地财政影响因素所产生的差异性区域效应，课题组利用 2003—2015 年江西省 11 个地级市人均土地出让金、第二产业比重、地区经济发展水平、财政收支缺口的面板数据，采用固定效应变系数模型，研究不同地市土地财政区域差异效应。

模型设定为：

$$y_{it} = x_{it}^* \beta_i + \varepsilon_{it} \qquad\qquad (5-1)$$

式（5-1）中，y_{it} 为 i 个地级市第 t 年的土地出让金指标，x_{it}^* 为土地财政对第 i 个地级市在第 t 年的区域效应影响因素(第二产业比重、地区经济发展水平、财政收支缺口)，β 为待估计的系数；ε_{it} 为模型随机误差项。

面板数据模型通常包括混合模型、固定效应模型和随机效应模型，本节将采用固定效应模型进行模型回归估计。其原因有二：一方面 F 检验和豪斯曼检验拒绝了混合模型和随机效应模型，对所有的回归方程均支持固定效应；另一方面本书旨在通过回归模型揭示江西省 11 个地级市的区域差异效应。因此选择固定效应变系数模型，估计结果见表 5-13。

表5-13 固定效应变系数模型回归结果

因变量	系数
人均GDP（ln）	0.33005719* （0.229804）
预算内财政收支缺口	-0.33517638*** （0.105267）
第二产业比重	0.24389767*** （1.077705）
吉安	-0.5283411*** （0.0616573）
景德镇	0.18483348 （0.3024493）
九江	1.6078896*** （0.2350849）
南昌	2.0166324*** （0.3876551）
萍乡	-1.0595755*** （0.2409129）
上饶	-.33491892*** （0.0276188）
新余	0.58123042* （0.3332511）
宜春	0.06201451* （0.0791887）
鹰潭	-1.9907728*** （0.1808895）
赣州	-0.79215667*** （0.0548651）
抚州	-1.1071541*** （0.6616565）
t	0.25004074*** （0.0508274）
_cons	8.5133159*** （1.956679）
R^2	0.9029
F值	95.73
观测值	143

注：***、**和*分别代表显著性水平为1%、5%和10%。

根据表5-13反映出的模型回归结果，以第二产业比重、地区经济发展水平、财政收支缺口为自变量，以人均土地出让金为因变量建立的固定效应变系数模型中，R^2=0.9029、F值较大，表明模型具有良好的拟合度。但是11个地市的系数大小各不相同、显著性也有差异，表明土地财政区域差异效应各异，具体如下：景德镇没有通过显著性检验，说明土地财政对景德镇经济发展、第二产业比重、财政收支缺口等方面的效应表现并不显著；吉安、萍乡、上饶、鹰潭、赣州、抚州不同程度地通过了显著性检验，且系数为负，说明土地财政对于这些地市经济发展、第二产业发展、财政预算收支缺口等方面并没有显著的促进作用；相反九江、南昌、新余、宜春等四个城市均通过了1%的显著性检验且系数为正，说明这四个地级市的土地财政水平与经济发展、第二产业发展有正向相关关系，且对财政收支缺口的弥补有重要作用。

第二节　市级层面的土地财政区域差异案例：江西省上饶市

江西省上饶市位于赣浙闽皖四省结合部，处于长三角经济区、海西经济区、鄱阳湖生态经济区三区交汇处，是综合交通枢纽，区位优势明显。上饶市矿产资源、旅游资源丰富，德兴铜矿是亚洲最大的铜矿，近年来上饶产业水平不断提高，以光伏、光学、机械电子为主。因上饶市独特的区域优势、资源优势、产业优势，被定位为江西省实现中部崛起的重点城市。

上饶市土地总面积 22791 平方公里，占全省总面积的 13.68%，辖九县二区，代管一市，100 个镇，88 个乡。九县分别是上饶县、玉山县、婺源县、铅山县、弋阳县、横峰县、鄱阳县、余干县、万年县，二区即信州区和广丰区①，代管市为德兴市。2016 年底人口 674.5 万人，占江西总人口的14.7%，GDP 为 1650.81 亿元，占江西省的 9.87%。

---

① 2015 年 3 月，国务院下发《关于调整上饶市部分行政区划的通知》，批准撤销广丰县，设立上饶市广丰区。

一、 上饶市土地财政基本特征[①]

（一） 土地财政规模持续增加

2003—2015 年间，上饶市土地财政收入规模持续增长，从 2003 年的 52489 万元增长到 2015 年的 2111818 万元。其中土地税收收入从 2003 年的 7873 万元增长到 2015 年的 581531 万元，增长了 72 倍多，土地出让金收入从 2003 年的 44616 万元增长到 2015 年的 1530287 万元，增长了 33 倍（如图 5-2 所示）。

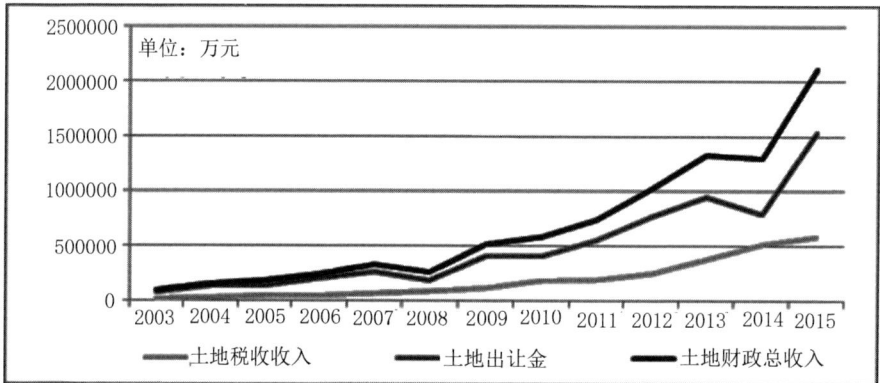

图 5-2　2003—2015 年上饶市土地财政收入情况

（二） 土地税收收入增长结构差异明显

2003—2015 年间，上饶市土地财政税收收入增长迅速（表 5-14）。其中城市维护建设税从 2003 年的 4712 万元增长到 2015 年的 58786 万元，增长了约 16 倍；房产税从 2003 年的 3199 万元增长到 2015 年的 34076 万元，增长了约 20 倍；城镇土地使用税从 2003 年的 1876 万元增长到 2015 年的 45674

---

① 本节数据来源：《江西省统计年鉴（2004—2016 年）》《上饶市统计年鉴（2004—2016 年）》《中国国土资源统计年鉴（2004—2016 年）》及调研数据。

万元,增长了约 89 倍;土地增值税从 2003 年的 580 万元增长到 2015 年的 167109 万元,增长了约 758 倍;耕地占用税从 2003 年的 530 万元增长到 2015 年的 146095 万元,增长了约 310 倍;契税从 2003 年的 5787 万元增长到 2015 年的 129791 万元,增长了约 71 倍。六种税中以土地增值税、耕地占用税增长的规模最为显著,这表明 2003—2015 年间,上饶市土地交易活跃且土地增值幅度较大。

表5-14　2003—2015 年上饶市土地税收收入情况　　　　单位:万元

年份	城市维护建设税	房产税	城镇土地使用税	土地增值税	耕地占用税	契税	土地税收收入
2003	4712	3199	1876	580	530	5787	16684
2004	6111	3504	2104	1961	1792	11311	26783
2005	7050	3728	1904	3377	8569	18947	43575
2006	9408	4370	2606	5524	5314	18209	45431
2007	12806	4844	4244	13837	5959	24678	66368
2008	14606	5448	10055	16520	8163	24356	79148
2009	22053	5862	8909	17990	23410	31609	109833
2010	31228	6554	8793	33134	36330	62655	178694
2011	41116	7481	12170	44404	32565	51447	189183
2012	47593	13074	16539	57893	49824	64824	249747
2013	50213	17040	21245	82661	118231	89884	379274
2014	59054	23012	24779	140150	145245	119484	511724
2015	58786	34076	45674	167109	146095	129791	581531

(三)土地财政区域差异显著

从上饶市各县(区)来看,2010—2015 年间人均土地出让金呈现以下特征(表5-15):第一,2010—2015 年间,各县(区)土地财政增长规模差异性很大,例如玉山县的人均土地出让金 2015 年比 2010 年增长了 13000 元左右,而信州区只增长了 2000 元左右,相差 6 倍多;第二,2010—2015

年间,各县(区)土地财政差异性随时间变化有扩大的趋势,如2010年各县(区)人均土地出让金的极差为3877元、极商为2.62,但是到了2015年极差和极商分别增加到了13720元和3.95,表明各县(区)土地财政差异逐渐增大;第三,2010—2015年间,各县(区)人均土地出让金都有不同程度的增长,其中信州区、鄱阳县等人口密集地区人均土地出让金增长缓慢,上饶县、广丰区、玉山县等人均土地出让金增长幅度较大。

表5-15 2010—2015年上饶市各县(区)人均土地出让金收入情况 单位:元

年份	2010	2011	2012	2013	2014	2015
信州区	2635	2767	3307	3876	3526	4652
上饶县	6057	6071	8042	9136	7587	15577
广丰区	3015	3381	5076	6104	4285	8677
玉山县	5126	5234	7146	9010	7496	18372
铅山县	5155	5854	7443	9382	6485	12684
横峰县	5927	7249	9113	9884	6852	15493
弋阳县	3704	4390	6252	8024	5962	9081
余干县	3402	3945	4854	5569	5082	9203
鄱阳县	2393	2622	4224	4810	3625	7390
万年县	6270	6605	7176	7936	6977	12002
婺源县	5000	5950	7016	7268	6702	7678
德兴市	2953	3609	5296	7679	6166	9661
极差	3877	4627	5806	6008	4061	13720
极商	2.62	2.76	2.76	2.55	2.15	3.95

注:极差=最大值-最小值,极商=最大值/最小值。

二、 上饶市土地财政区域差异的影响因素分析

（一）变量选取与研究数据说明

以人均土地出让金收入为被解释变量，地区经济发展水平、预算内财政收支缺口、人口城市化水平、土地城市化水平、第二产业比重、第三产业比重、人口密度对数及经济开放度为解释变量，通过回归模型分析各影响因素对土地财政的影响程度。因缺少县级外商直接投资额数据，采用实际利用外资额占国内生产总值的比重衡量对外开放程度。在回归的基础上，利用 Shapley 值分解法研究这些因素对于土地财政区域差异的贡献。

选取 2003—2015 年上饶市 12 个县（区）的面板数据作为研究样本，各县土地出让金收入由上饶市当地相关政府部门提供，其余数据主要来源于《上饶经济社会统计年鉴》《江西城市（县城）建设统计年鉴》，表 5-16 为所使用的各变量的含义与描述性统计结果。

表 5-16 主要变量的含义及描述性统计结果

变量名称	变量含义	均值	标准差	中位数	最小值	最大值
lny	人均土地出让金收入对数	6.228104	1.030922	6.3276	3.124644	8.679624
lngdp	人均 GDP 对数	7.089786	0.7568471	7.17035	5.242034	8.639774
fgap	预算内财政收支缺口	1.808317	1.620064	1.41342	-.2470925	15.14268
url	人口城市化水平	0.3393281	0.4909854	0.191962	.0940884	5.058518
uol	土地城市化水平	0.0066762	0.0042167	0.005424	.0003824	0.0181449
s2g	第二产业比重	0.4609295	0.1216542	0.44075	0.1464	0.767
t2g	第三产业比重	0.3497006	0.1036426	0.3401	0.141	0.739
lnden	人口密度对数	5.668272	0.8518914	5.71930	3.079162	7.094733
open	经济开放度	0.0316028	0.0149762	0.030399	0.0035021	0.1285507

（二）上饶市土地财政指标影响因素的回归结果

采用 Stata13.0 计量分析软件对数据进行模型估计运行。首先，将所有的解释变量引入回归方程，输出结果见表 5-17 中的行（1），可以看出，人口密度对数（lnden）、经济开放度（open）没有通过显著性检验；其次，剔除不显著变量"经济开放度"，保留其余变量，重新构建模型，运行结果见表 5-17 中的行（2），变量"人口密度对数"仍没有通过显著性检验，其余变量显著性没有发生改变；最后，剔除人口密度对数，再次构建模型，模型结果见表 5-17 中的行（3），发现所有变量均显著，并且变量"预算内财政收支缺口（fgap）"在 1% 水平下显著，显著性水平提升。

表 5-17　上饶市土地财政指标影响因素的回归结果

	lngdp	fgap	url	uol	s2g	t2g	lnden	open
(1)	0.8443 *** (0.1249)	0.0817 ** (0.3973)	-0.0258 * (0.1227)	1.0372 *** (0.1371)	0.0354 *** (0.0830)	0.0108 * (0.0076)	-0.1400 (0.1043)	-2.5809 (4.0667)
(2)	0.8233 *** (0.1202)	0.3362 ** (0.3946)	-0.0243 * (0.1224)	1.9018 *** (0.1270)	0.0353 *** (0.0083)	0.0108 * (0.0091)	-0.1523 (0.1021)	
(3)	0.8905 *** (0.1120)	0.0804 *** (0.0396)	-0.0414 * (0.1224)	1.8086 *** (0.12)	0.03790 *** (0.0081)	0.0131 ** (0.0075)		

注：*** 、** 和 * 分别代表显著性水平为 1%、5% 和 10%。

上饶市区位优势独特，经济发展快速，人均 GDP 对数（lngdp）在 1% 水平下显著为正，说明经济发展水平对土地财政有明显的推动作用。预算内财政收支缺口（fgap）在 5% 水平下显著为正，表明地方政府的土地财政模式在弥补财政收支缺口方面发挥着一定作用。上饶市城镇化水平随着经济发展不断提高，人口密度增加，对基础设施和公共服务的需求随之增加，在政府依靠税收收入无法有效满足地方公共服务供给成本的情况下，产生了转向使用土地财政支持地方经济发展、发展公共服务事业、弥补公共产品供给成本的制度激励，因此人口城市化（url）对土地财政的影响表现出负向显著。由于通过出让城市土地可获得较高的土地出让收入，土地城市化（uol）对土地财政的影响表现出显著为正。

上饶市矿产资源丰富，形成了以光伏、光学、机械电子为主的产业基地，工业园区日益成为招商引资的重要平台。截至2016年，全市工业园区实现工业增加值608.73亿元，位居江西省第三，过百亿园区10个，分布在广丰、鄱阳等10个县区①。上饶第二、三产业的发展导致对工业用地、商住用地需求增加，故第二、三产业的比重（s2g、t2g）对土地财政的影响为正且显著。变量人口密度对数（lnden）、对外开放度（open）对土地财政的影响不显著，这表明人口密度及对外开放因素对上饶市土地财政影响不大。

（三）上饶市土地财政区域差异成因探析

综合分析，人口密度、对外开放度两个变量对上饶市土地财政的影响不显著，剔除这两个变量后，使用 Shapley 值分解法，分析其余变量在土地财政区域差异形成中的贡献大小（表5-18）。因影响土地财政指标的各类因素并没有完全纳入模型，所计算得出的拟合值解释了53%的土地财政区域差异。

表5-18　2003—2015年上饶市土地财政区域差异成因的贡献分解

变量	贡献度（%）	排序
地区经济发展水平	51.70	1
财政收支缺口	12.29	3
人口城市化水平	2.42	6
土地城市化水平	14.44	2
第二产业比重	11.15	4
第三产业比重	8.00	5

注：排序是指对土地财政区域差异形成的影响因素进行排序，最重要的影响因素排名第1，最不重要的影响因素则排名第7。

---

① 数据来源：上饶市政府网站 http://www.zgsr.gov.cn/qypd/2017-01-12/246375.htm。

　　根据分解结果，经济发展水平在2003—2015年平均解释了51.70%的差异，排名第一，不同于之前对江西省分析中第二产业比重排名第一的情况，说明经济发展水平在上饶市土地财政差异形成中发挥了重要作用。从经济发展水平来看，2016年生产总值中，广丰区、信州区、鄱阳县排名前三位，分别为136.51亿元、93.21亿元、80.63亿元，排在后三位的分别是横峰县、婺源县、弋阳县，生产总值分别为32.81亿元、35.57亿元、39.76亿元，横峰县2001年被列为国家扶贫重点县，可见各县之间经济发展水平存在较大差距。并且各县因自然禀赋差异，发展定位也有不同，比如玉山县拥有丰富的旅游资源，而德兴市又拥有高度发达的有色金属产业，因此各县地方政府对土地财政的依赖有所不同。

　　土地城市化水平的平均贡献为14.44%，而人口城市化的平均贡献为2.42%。从样本数据可以看出，上饶市各县预算内支出基本都高于预算内收入，并且由于各县经济发展水平不同，财政支出程度不同，财政收入缺口存在较大差异，对土地财政依赖也有所不同。如2015年信州区、德兴市财政收支缺口为0.3，而缺口最大的鄱阳县达到了3.2。

　　第二产业比重、第三产业比重对上饶市土地财政区域差异的贡献分别为11.15%、8.00%。近年来，上饶市第二产业水平整体得到提高。2003年，第二产业比重德兴市和上饶县排在前2位，分别是65.1%、47.8%，而比重最低的鄱阳县只有22.9%；到2015年，上饶县、横峰县第二产业比重最高，分别达到75.7%、60.3%，最低的婺源县也达到了32.5%。从第三产业发展水平来看，虽上饶市第三产业发展速度也比较快，但各县之间存在一定差距。以2015年为例，第三产业比重最高的为信州区（73.9%），比重最低的为上饶县（15%），差距较大；但广丰区等7个县（区）的比重都在35%左右，相差较小。

　　综上所述，上饶市土地财政区域差异的成因与江西省各市有一定的区别，经济发展水平产生的差异达到了51.70%，其次是土地城市化水平，而第二产业比重排在第4位，只占11.15%。

三、 上饶市各县 （区） 土地财政区域差异效应分析

根据以上分析，采用前三个对上饶市土地财政影响较大的因素，即地区经济发展水平、土地城市化水平、财政收支缺口三个指标，验证土地财政对不同县（区）的区域差异效应。所有数据通过 F 检验和豪斯曼检验拒绝了混合模型和随机效应模型，即采用固定效应回归方程进行模型拟合。拟合结果如下（表5-19）：

表 5-19　模型回归结果

变量	系数
人均 GDP （ln）	0.05046975 *** （0.0022862）
土地城市化水平	2.3708693 *** （0.1204403）
预算内财政收支缺口	2.1239836 *** （0.0504155）
广丰区	0.5163355 *** （0.1013106）
横峰县	0.22205633 ** （0.1195816）
鄱阳县	-1.1005201 *** （0.0878376）
上饶县	0.29574175 *** （0.1077138）
万年县	-0.00381566 （0.1233115）
婺源县	0.70232693 *** （0.0733587）
信州区	0.83807004 *** （0.3052014）
铅山县	-0.10394916 * （0.102319）
弋阳县	0.64837849 *** （0.1421878）
余干县	1.0407811 *** （0.1176746）
玉山县	-0.03510293 （0.0954512）
德兴市	-0.53719293 （0.0826592）
t	0.15917459 *** （0.0043805）
_ cons	9.0408889 *** （0.1894052）

续表

指标	指标值
R^2	0.7902
F 值	26.33
观测值	143

注：***、**和*分别代表显著性水平为1%、5%和10%。

根据表5-19反映出的模型回归结果，以地区经济发展水平、财政收支缺口、土地城市化水平为自变量，以人均土地出让金为因变量建立的固定效应变系数模型中，R^2为0.7902、F值为26.33，表明模型具有良好的拟合度。12个县（区）的系数大小各不相同、显著性也有差异，表明各个县（区）的土地财政区域差异效应非常明显，其中土地财政对广丰区、横峰县、上饶县、婺源县、信州区、弋阳县、余干县等地区域效应系数为正且通过了显著性检验，说明土地财政对于这些地区经济发展、土地城镇化、财政预算收支缺口等有促进作用；鄱阳县系数为负并通过了1%的显著性检验，铅山县系数为负并通过了10%的显著性检验，而万年县、玉山县、德兴市等地没有通过10%的显著性检验。

本章主要结论

本章分别研究了江西省及江西省上饶市的土地财政区域差异及其形成原因，从省级层面和地市级层面，选择个案探索土地财政背后的地方政府行为。主要结论有：

1. 江西省和上饶市对土地财政的依赖程度均较大，江西省各地级市土地财政区域差异明显，上饶市各县区土地财政区域差异同样显著。

2. 江西省与上饶市土地财政区域差异形成的影响因素基本相同，主要有：地区经济发展水平、人口城市化水平、土地城市化水平、第二产业比重、第三产业比重、财政收支缺口等。但这些因素的重要性并不同，造成区域差异前三位的因素，江西省为：第二产业比重、地区经济发展水平及财政收支缺口；上饶市为：地区经济发展水平、土地城市化水平及财政收支缺口。

3. 固定效应变系数模型显示：土地财政对各地的区域差异效应各不相同。就江西省而言，土地财政对景德镇经济发展、城镇化发展影响不显著，而在九江、南昌等地，土地财政显著促进了经济发展。上饶市状况与江西省类似，土地财政对部分区域的经济发展、城镇化发展影响显著，部分则不显著。

第六章　地方政府土地财政
分类治理的政策选择

　　土地财政是我国特殊国情政策的产物，为地方政府发展经济提供了强劲的资本积累，在加快城市化进程、建设公共设施等方面发挥了重要作用；但是，也导致地方政府出于经济利益、政治利益，产生了对土地财政的高度依赖，这种高度的"土地财政依赖"背后隐藏着较大风险。

　　应该认识到，我国的地理空间具有典型的区域分异特征，而我国的土地财政现象扎根于经济、社会、制度等多方面的社会现实背景，决定了土地财政问题的治理不可能一蹴而就，要多策并举综合考虑化解对策，结合区域的现实背景及规划要求，针对土地财政的区域分异特征，分城施策、分类治理。基于此，课题组从分类治理视角出发，从分类优化央地财权事权分配、分类协调纵横财政转移支付、分类拓展地方多元税收渠道、分类管控区域用地供应结构和分类统筹生态功能差异用地等五个方面提出若干措施建议。

第一节　土地财政分类治理的原则

　　在政策层面，土地财政分类治理既要依托一定区域范围内的自然本底资源，也要遵循社会经济持续发展的基本规律，统筹协调土地资源合理利用行为。具体来看需要符合因地制宜、代际公平、区际公平及兼顾效率等原则。

一、因地制宜

因地制宜是土地财政分类治理应遵循的原则之一。土地财政分类调控因地制宜，指的是根据不同的地域环境特点，来制定适宜的调控原则，具体体现为与区域的经济发展战略保持一致，及与区域的资源禀赋结构相适应。

地球陆地表面不仅具有迥异的自然风貌差异，还具有不同的经济社会发展水平、文化风俗心理，在这些综合因素作用下造就了彼此联系又相互区别的区域特性。土地财政的产生是一定区域内自然和人文因素综合作用的产物，土地财政问题的分析需要结合区域特定背景开展分析，因地制宜地制定分类治理措施。

二、代际公平

由于土地资源具有有限性，"土地财政"在本质上透支着社会的未来收益。地方政府以持续开发土地作为发展动力的"土地财政"不是一种可持续的发展模式，不能为地方政府带来稳定的财政收入，终将导致财政收入的枯竭（王芳芳、董骁，2010）。

代际公平是土地财政分类治理应遵循的原则之一，代际公平包括两层含义，第一，年龄结构上的代际公平，这与可持续发展思想一致，即土地财政分类治理关注资源在代际之间的资源利用强度，当代人的发展不能以损害后代人的利益为代价。第二，不同届别政府上的代际公平，由于每届政府均有任期，在政绩考核和土地出让收益矛盾统一的制约下，不同届别政府之间应合理规划土地资源利用的强度和方式，不能以透支未来发展机会的方式追求短期效益。

三、 区际公平

我国土地面积广袤，区域之间无论是自身的资源禀赋特征，还是经济发展阶段均存在显著的差异性特征，而新型城镇化越来越重视人的发展，国家生态文明建设越来越重视保护和发展的双重矛盾，因此政策制约和谋求发展在区域间形成矛盾的统一体，保护环境和资源开发对经济欠发达地区的制约尤为显著。

因此，区际公平意味着，土地财政分类治理需要兼顾不同区域的发展背景和历史，在区域格局有机统一的宏观战略视角下，对土地财政采取分类调控的措施，制定差别化土地利用政策，谋求区域间整体发展格局的优化和公平。

四、 兼顾效率

尽管我国当前的城镇化取得了飞速的发展成就，但同时也带来了生态环境破坏、资源利用低效、能源消耗量大、城市无序扩张等突出问题，对我国的新型城镇化推进提出巨大的挑战。

因此，土地财政分类治理需要重视效率的提高，在土地利用方面要采取精明增长的发展战略，珍惜和保护有限的土地资源，大力推广集约节约利用。同时，注重地区经济结构的升级转型，从传统的单一重视土地资源要素价值，到全面重视资本、科技等多种要素价值，提高全社会的效率水平。

第二节 土地财政分类治理的政策选择

当前，我国经济社会发展已经进入快速发展期，土地财政问题暴露的不仅是土地经济问题本身，而是与我国快速城镇化发展阶段相匹配的问题。土地财政问题的解决，既需要综合考虑制度、税收等宏观层面因素，也需要考虑不同背景地区的供地方式等中观层面因素，具体提出如下措施：

一、 分类优化央地财权事权分配

目前，我国地方财政收入分为预算内收入和非预算内收入，其中，非预算内收入包括预算外收入和制度外收入两部分（陈抗等，2002）。1999 年后，土地出让收入成为制度外收入的主体（方红生和张军，2014），与预算外收入相比，中央一直没有妥善管理制度外收入的办法，因此，这部分收入逐渐成为地方政府增长财政主要倚重的方式（周飞舟，2006）。

（一）财权与事权合理区分

从权责对等角度来看，土地财政的产生与地方政府尤其是基层地方政府的事权与财权不匹配有关。国家财政按功能性质分类的支出数据显示，地方政府在一般公共服务、公共安全、教育、社会保障和就业、医疗卫生等 17 项支出占比超过 80%，且多数在 90% 以上，因此地方政府需要大量的资金来源支持地区社会经济稳定发展。在分税制改革以后，中央加大了对财权和财力的分成，地方政府逐渐走向以土地征用、开发和出让为主的发展模式，从而形成了土地财政（孙秀林、周飞舟，2013）。地方政府通过垄断土地一级市场，通过从农村低价获得建设用地，经过土地平整后再高价出让，两者之间巨大的差额极大地增加了政府预算内和预算外的收入，成为地方政府迅速扩大基础设施投资、吸引外资、改变城市面貌的金融资金（蒋省三等，2010）。

因此，从政策逻辑上来看，减少地方政府土地出让的动机是降低土地财政依赖的政策途径。第一，明晰中央与地方的财权与事权范围，降低地方政府的财政压力，以此降低地方政府通过土地出让迅速获取城市建设资金的外在压力；第二，完善当前片面追求经济发展的政绩考核指标，构建综合考虑经济发展、生态文明、民生保障等因素的约束性考核指标，由片面追求经济绩效向提升社会综合效益转变，以此抑制地方政府追求短期政绩的内在动机；第三，地方政府应以集约节约利用土地为导向目标，优先使用存量，限制使用增量。

（二）政策减压与赋权并重

尝试赋予地方政府发行市政债的权力，拓宽地方建设资金来源渠道。从国际经验来看，无论是财政联邦制还是单一制国家，市政债或类似地方债都在城市建设中得到了广泛运用。与银行贷款相比，市政债具有显著的优点，如较强的市场约束、财政纪律约束和民意约束等。与当前"地方融资平台"的融资方式相比，市政债更为透明和规范，也更符合市场化的要求，能够满足"开前门"的要求。因此，赋予地方政府发行债券的权利，尤其是可以放宽地方政府在城市公共基础设施建设方面的债券发行权，当前应就市政债的发行制定规范的法律法规，设计完善的发行办法。

二、 分类协调纵横财政转移支付

作为一种旨在平衡各级政府财政能力差异的措施，财政转移支付制度能够在宏观层面实现区域间公共服务水平均等化，其中包括纵向转移支付和横向转移支付两种基本形式。财政转移支付的政策措施，能够在宏观层面优化资金流向的公平性，提高资金使用的高效性。

（一）纵向财政转移支付重视资金精准使用

当前的纵向财政转移支付包括两个层次，即第一层次的中央政府对省级政府的财政转移支付和第二层次的省级政府对市县级地方政府的财政转移支付。

第一层次的纵向财政转移支付要兼顾一般和专项。通过一般转移支付方式，缓解地方政府通过土地财政获取用于公共设施建设等支出；通过专项转移支付方式，加大对中西部地区农业、社会保障、扶贫等方面的专项拨款。

全国主体功能区规划，将国土空间划分为优化开发、重点开发、限制开发和禁止开发四类，在开发强度、开发政策等方面提出了规范要求，为区域层面的人口、资源、经济协调发展做出了战略部署。然而，广大的中西部地区承担了较大的生态屏障功能，由于限制开发和禁止开发产生了发展的机会成本，因此，一般转移支付的重点在于从宏观上平衡地区之间的资金财力差距，未来应该更加重视专项转移支付手段，以扶持地方产业健康发展为导向。

第二层次的纵向财政转移支付要兼顾公平和效益。纵向层次的财政转移支付方式不仅承接了中央财政转移支付资金，还是各级政府之间的资金分配方式，而当前财政转移支付效率、效益综合实现程度不高的原因也主要受该环节影响，如资金在纵向分配过程中层层截留，导致县级及以下的资金分配量少，由此带来的腐败现象层出不穷①。

因此，对于第二层次的财政转移支付资金，第一，要协调不同层级政府的利益诉求，中央政府应当参考土地财政区域差异影响因素的贡献度，以差别化的土地、财税政策工具实施宏观调控，在促进经济发展的过程中渐进、有序地引导地方政府的土地财政行为取向，各级地方政府尤其是市县级政府，需要从当地实际情况出发，参考影响各自土地财政指标的因素的作用方向和贡献大小，结合自身的经济发展目标、产业定位和资源禀赋等，因地制宜，合理制定具体的土地、财税政策措施。第二，要规范地方各级政府的行为，保证下拨到基层政府的资金充足。第三，要改变片面重视经济发展作为财政转移支付考量的倾向，将完成资源保护的目标纳入财政转移支付考核内容，如农业中心城市完成的耕地保护量、旅游中心城市完成的资源保护量

---

① 广西财政厅课题组：《完善中央对地方财政转移支付体系研究》，《经济研究参考》2012 年第 47 期。

等，作为纵向财政转移支付的参考依据，引导资源的合理利用和高效利用，扼制地方政府过度依赖土地财政的内在动因。

（二）横向财政转移支付立足空间尺度分类

作为纵向财政转移支付的补充，横向财政转移支付是实现区际公平的良好调节手段，对于维护和改善区域生态系统服务具有积极的引导作用。横向财政转移支付的理论出发点在于：生态系统功能与服务在时空上存在动态异质性，区域之间存在极强的生态协同效应。而公共资源产生的外部性容易带来"搭便车"效应，受益者不需要付出成本也能享受到其他区域产生的资源环境效益，相对应的发展机会成本却需要由其他区域承担，因此，横向财政转移支付具有理论上的合理性。

然而，实践层面的区域间生态补偿大多集中于流域层面，原因可能在于，流域尺度的资源环境恶化问题能够引起足够重视，区域间才能产生积极的响应和联系，这也是流域生态补偿更容易产生区域间横向协作，而森林生态补偿、区域生态补偿、矿产资源生态补偿等更需要国家政策纵向方面予以规定的重要原因。同时，横向财政转移支付的核心在于将外部性内部化，在理论和实践层面主要存在以下重点和难点问题：首先，分类界定横向财政转移支付内容，从保证粮食安全、构建生态屏障、保护水源地安全等不同方面，合理界定财政转移支付的项目；其次，合理界定受偿区和支付区，探索从自然资源区划和行政区划两方面，构建省际、市县际的生态经济补偿机制，建立层次分明、公平合理的一体化空间经济补偿体系；最后，以科学测算为基础，确定横向财政转移支付力度。

因此，在现实操作层面，可以从两个方面做好横向财政转移支付。首先，开展区域、流域尺度的水资源、森林资源、矿产资源等自然资源生态补偿；其次，开展城市和农村之间的耕地生态补偿（马爱慧等，2010），并在微观尺度上综合考虑空间特征、地块特征、个体特征等不同属性差异下的耕地生态补偿机制，这对于合理保护土地资源、实现土地资源的优化配置具有积极的作用。

三、 分类拓展地方多元税收渠道

税收是地方政府取得财政收入的主要形式，为履行公共服务功能提供资金支撑。然而，当前的地方政府税收体系过分依赖土地财政，不利于未来地方经济的持续健康发展，因此未来需要在税收渠道、税收结构方面进一步优化。

（一） 拓展多元税收渠道

地方政府亟待深化财税体制改革，以地方特色产业发展为支撑，逐步完善地方税收体系。尽管土地财政在短期内能够迅速拉动经济增长，推动城市化进程，但长期来看却抑制了第三产业发展（邹薇、刘红艺，2015），不利于地方政府税收来源的稳定持续。拓展多元税收渠道，不仅有利于减小地方政府对土地出让收入和政府收费的高度依赖性，有效降低波动性大的土地出让金收入产生的不可持续性财政风险（牛星，2013），还有利于宏观格局上地方政府的财权事权趋于契合，弥补当前分税制体制下中央和地方的财源分配格局不对称的现状。

（二） 增加保有环节税收

借鉴发达国家的经验，对土地和房地产的保有环节税收进行综合改革，扩大税基到住宅物业，以低税率扩大计税房产面积（鉴于当前我国经济发展水平，可以适当降低计税的人均住宅面积），简化税种，开征房地产综合税收，并交由地方政府管理。现行的房地产税制主要存在于房地产开发流通环节，开发环节的前期税费包括土地出让费、土地使用费，约占整个开发期间税费的75%左右，房地产保有环节税费仅包括城市房地产税和城镇土地使用税。但由于缺乏有效的调节机制，国家无法参与保有环节的土地增值收益的再分配（袁华宝，2013）。对保有环节的税收改革有助于提高地方政府的税收收入，抑制房地产的投机性交易行为。

（三）构建多元运作体系

发挥市场作用，明确政府和市场的作用边界。土地财政分类治理过程中，政府的不当干预会扰乱正常的市场秩序，因此造成更大的市场扭曲和公众福利损失。因此在应对土地财政问题上，厘清政府和市场的作用边界非常关键，政府的职能从土地财政的获利者转移到公共服务的提供者，并逐步建立政府退出土地财政的机制。

在实际操作层面，当前的地方政府投融资渠道过于狭窄，是形成土地财政路径依赖、导致地方政府财政不可持续的动因之一，因此，破解土地财政需要创造条件建立多元融资体系，形成健康持续的融资机制。一方面，合理定位政府与地方融资平台、地产集团的关系，形成"政府委托、企业运作"的关系，明确双方责任和义务。另一方面，合理引导地方融资方式转型升级，从当前的信贷及土地批租为主的融资方式，转向综合发挥土地、资本、信贷及其他工具并举的措施，减少地方政府对土地财政的路径依赖关系。

四、 分类管控区域用地供应结构

我国的土地财政问题具有综合性和复杂性，在不同区域、不同层级政府之间均存在较为显著的差异性特征。因此，土地财政的分类治理需要建立在区域特色分异的基础上，不能脱离地方发展背景制定一刀切的政策，需要尊重客观实际。

（一）因区管控

因区管控一方面是客观认识区域经济发展背景差异的要求，从全国层面看，第二产业比重、地区经济发展水平和第三产业比重是造成土地财政区域差异的重要因素。而从分区比较来看，在东部、中部和东北地区贡献度排名第一的影响因素均是地区经济发展水平，在西部地区贡献度排名第一的因素则是第二产业比重。因区管控另一方面是客观认识土地财政区域差异的要求，本书前期研究结果表明，自 2003 年至 2015 年，土地财政区域基尼系数的大小总体上呈现"东北部>东部>西部>中部"演变特征，不同区域间的土地财政发展存在空间上的不均衡性。

因此，在现阶段应对经济发展滞后、急需基础设施建设投入的经济欠发达地区给予重点支持，对可以适时逐步减少土地财政依赖的东部地区给予灵活的政策疏导，为各地区逐步摆脱对土地财政的依赖创造条件，从而推动区域经济协调、平衡发展。

（二）因城管控

因城管控一方面是土地财政空间不均衡的要求，本书前期研究结果表明，不同城市的土地财政发展具有显著的差异性类别，如划分出土地财政发达区（36 个地级市）、土地财政发展区（40 个地级市）、土地财政欠发达区（90 个地级市）、土地财政不发达区（121 个），这要求土地财政的分类治理需要客观分析城市发展阶段。因城管控另一方面是城市特色及城市职能分工的要求，城市职能一般强调对城市各种职能的综合，由于其对外围区域特别突出的功能所形成的一种地位或性质，强调在城市体系的水平分工或垂直分工下所形成的区域关系（王建军、许学强，2004），然而，特定城市功能下的城市发展机遇不同，如耕地保护区、生态保护区的城市面临着保护和发展的双向矛盾，这要求土地财政的分类治理需要充分尊重城市发展规律，符合城市特色及功能。

本研究从城市职能角度提出因城管控的若干措施。当前对我国城市职能分类尚未形成统一结论（周一星、孙则昕，1997），但从土地财政分类治理视角，可以尝试将城市职能分为农业中心型、商业中心型、交通中心型、旅游中心型、行政职能型等类型。对于农业中心型城市，保护耕地资源，限制建设用地开发，探索农村集体建设用地入市措施；对于商业中心型城市，合理供应建设用地，优化城市用地功能分区，提高公共文化与创意产业用地供应比例（王玉波，2016）；对于交通中心型城市，科学测算交通用地数量，完善立体交通结构体系；对于旅游中心型城市，保护生态用地及文保用地，限制建设用地开发；对于行政职能型城市，优化城市用地功能分区。

（三）因地管控

现行的土地供应政策是我国特定经济社会背景下的产物，在新型城镇化发展战略要求下，土地供应政策可以考虑以试点推广的方式进行逐步优化，探索出一条合法、合理的土地供应政策（卢为民，2013）。

第一，分类推行多元化的供地方式。对于经营型用地，探索土地批租制加年租制的混合体制；对于工业用地，探索实施弹性出让或租赁制，鼓励我国东部沿海地区开展积极探索，谋求高效、节约的供地模式；对于居住用地，探索共有产权、租售同权、公租房等实践模式，在供地数量、供地布局上予以充分保证。

第二，分类构建多元化的供地主体。通过搭建土地交易平台的形式，逐步引导多元主体平等参与供地的局面，将现有单一功能的城市土地批租市场改造为多功能的土地交易市场，从土地批租交易、土地租赁交易、地权入股交易、土地置换交易等各环节进行综合改革，促进城市土地收益的多样化。

第三，分类完善当前土地出让政策。改变当前采取的通过一次性招拍挂出让土地的做法，对于商服用地，以城市发展总体规划、土地利用规划等相关规划为依据，融合土地出让与项目统筹，提高城市商服用地开发的综合效益；对于住宅用地，根据经济社会发展和相关规划政策，实施综合评标的或限房价竞地价的措施，以此在土地出让环节起到遏制城市高房价的效果。

（四）监督管理

对于地方政府的用地供应行为，离不开制度层面行之有效的监督管理机制，以最大程度上实现土地资源的有效利用，从而为土地财政分类治理构建持续性的制度保障动力机制，具体来看包括以下两个方面的措施。第一，打造完善的外部评估机制，改变当前第三方评估缺失的评估体系，由政府评估转为第三方评估、公众参与评估等多种形式，提升评估体系的科学性、合理性；第二，限制地方政府借公共利益的名义，开展大规模土地征收工作，遏制土地违法行为，强化社会监督机制。

五、 分类统筹生态功能差异用地

《全国主体功能区划》对土地政策做出了战略性要求，这对于推进形成人口、经济和资源环境相协调的国土空间开发格局，加快转变经济发展方式，促进经济长期平稳较快发展和社会和谐稳定，实现全面建设小康社会目标和社会主义现代化建设长远目标具有重要战略意义。根据《全国主体功能区划》要求，从土地财政分类指导思想来看，可从以下几个方面分类统筹生态功能差异用地：

（一）功能定位主导

以不同主体功能区的功能定位和发展方向为导向，实行差别化的土地利用和土地管理政策，科学确定各类用地规模。确保耕地数量和质量，严格控制工业用地增加，适度增加城市居住用地，逐步减少农村居住用地，合理控制交通用地增长。

（二）区域性质分类

严格控制优化开发区域建设用地增量；相对适当扩大重点开发区域建设

用地规模；严格控制农产品主产区建设用地规模，严禁改变重点生态功能区生态用地用途；严禁自然文化资源保护区土地的开发建设。

（三）保护发展协调

妥善处理生态区域内的"山水林田湖草"的产权关系，在科学确定自然资源综合价值及区域承载力的基础上，合理确定一定时期内的用地结构及用地规模，引导人口布局、资源保护在空间格局上优化发展。

第七章 结 语

第一节 研究总结

"地方政府土地财政区域差异的形成机理及分类治理对策研究"课题（13AGL007）的逻辑起点在于地方政府土地财政区域差异，终点在于地方政府土地财政分类治理的政策选择。本研究由理论阐述、实证分析与政策设计三部分构成。

在理论阐述部分，主要试图回答土地财政构成的区域差异及土地财政分类治理的逻辑等两个问题。本研究认为，土地税费收入及土地出让金构成了地方政府土地财政的主体，同时还存在显著的区域差异。从土地财政分类治理逻辑来看，土地财政分类治理是土地财政区域差异的直接需求，是应对多维现实问题的客观要求，是实现政府多项目标的重要举措。

在实证分析部分，主要围绕地方政府土地财政区域差异定量测度、形成机理、时空分异、案例分析等逻辑展开。第一，在土地财政区域差异定量测度方面，主要分析了测度指标来源分解及动态演进问题，计量结果表明我国地方政府的土地财政存在显著的空间非均衡特征，并且东部、中部、西部及东北四大区域之间的土地财政存在明显的时空差异特征；第二，在土地财政区域差异形成机理方面，在理论分析的基础上，分析了土地财政区域差异影响因素、土地财政与其影响因素的互动关系，同时还探讨了土地财政的空间竞争效应及对区域差异形成的影响，发现土地财政与其影响因素之间存在互动关系，并且这种互动关系存在区域差异，空间上的邻近特征也会带来地方政府土地财政的模仿及竞争行为；第三，在土地财政区域时空分异方面，主要分析了土地财政区域差异的时空分异特征及空间聚类分区，发现我国土地财政分别呈现发达区、发展区、欠发达区及落后区等四种类型；第四，在土地财政区域差异案例分析方面，选取省级案例地江西省及市级案例地上饶市，对土地财政区域差异的基本特征、影响因素及效应等问题开展实证分析。

在政策设计部分，本研究提出了系统构建分类治理土地财政的区域差异化制度体系和管控对策。

本研究的主要观点包括：

第一，需要辩证认识土地财政现象。既要认识到我国地方经济发展过程中土地财政具有一定合理性，也要正确认识土地财政存在的阶段性规律及演变趋势。现阶段以土地出让金为主的土地财政是阶段性的、不可持续的，必须向不动产税收方向过渡。

第二，我国地方政府土地财政区域差异显著，东、中、西部及东北四大区域之间的土地财政存在明显的时空差异特征。东部地区土地财政的区域差异呈现出"下降—上升—下降"的趋势，中部、西部经历了"下降—上升—趋于稳定"的变化过程，东北地区则表现出"下降—上升"的特征。

第三，土地财政区域差异形成的深层次原因在于，不同区域的区位条件、经济发展水平、城市化水平、工业化水平、对外开放程度、人口密度等因素存在很大不同，导致与土地相关的税费收入、土地市场供求结构、土地价格及融资能力等的差异，进而影响土地财政收入。另外，发展条件不同的各地方政府为了在 GDP 竞赛中获胜，采取不同的土地出让策略，形成空间竞争，也会导致土地财政区域差异。

第四，从各影响因素对土地财政区域差异的贡献度来看，全国层面，第二产业比重对土地财政区域差异的贡献达到了 36.52%，地区经济发展水平与第三产业比重分别为32.04%和15.96%，人口城市化水平、人口密度、土地城市化水平和经济开放度等分别为5.86%、4.71%、3.31%和1.6%。区域层面，在东部、中部和东北地区贡献度排名第一的影响因素为地区经济发展水平，在西部地区则是第二产业比重。

第五，土地财政的分类治理既包括制度层面的权责分配，也包括经济层面的税收体系构建和空间层面的用地结构优化。土地财政分类治理应遵循因地制宜、代际公平、区际公平及兼顾效率等原则，既要考虑一定区域范围内的自然资源发展规律，也要基于社会经济持续发展的动态视野，统筹协调土地资源合理利用行为。

第六，土地财政分类治理的具体政策建议：（1）分类优化央地财权事权分配，既要合理区分财权与事权，又要赋权与政策减压并重；（2）分类协调纵横财政转移支付，纵向财政转移支付重视资金精准使用，横向财政转移支付立足空间尺度分类；（3）分类拓展地方多元税收渠道，增加保有环节税收，构建多元运作体系；（4）分类管控区域用地供应结构，针对土地财政的区域分异特征，因区、因城、因地施策；（5）分类统筹生态功能差异用地，以不同主体功能区的功能定位和发展方向为导向，严禁改变重点生态功能区生态用地用途，实行差别化的土地利用和土地管理政策。

课题创新主要体现在以下三方面：第一，本研究综合运用财政学、公共政策学、土地经济学、空间经济学等理论和多种实证工具，系统分析中国地方政府土地财政区域差异问题，具有较强的针对性和时效性。第二，本研究试图科学解释省级及市县级地方政府土地财政的区域差异及其形成机理，并进行空间聚类分区。第三，本研究系统构建分类治理我国土地财政的管控体系及对策，提出解决土地财政深层次症结的区域差异化制度安排。

第二节　研究不足与展望

本研究立足我国社会经济发展中的现实问题，对地方政府土地财政区域差异问题开展了理论和实证分析，然而，本研究仍存在以下诸多不足之处。

第一，土地财政区域差异问题是一个复杂的系统问题，既受宏观层面的政治经济因素影响，也与中微观层面的政府行为因素相关，尽管本研究尝试在经济学基础上融合政治学、财政学等其他学科知识，但在综合运用系统理论和方法分析现实问题方面仍存在改善与提升的空间。

第二，从研究方法来看，尽管本研究在具体研究过程中，采用了多种计量统计分析方法，但这仍不足以全面刻画土地财政区域差异的细节问题，在选案分析方面仍具有一定的局限性，因此未来土地财政区域差异的研究一方面需要进一步借助前沿科学方法的应用开展深度分析，另一方面需要加大对典型地区土地财政具体问题进行深入研究。

第三，在具体研究主题方面，本研究主要关注理论成因、机制形成与政策设计，但是随着我国社会经济改革步入深水区，各项新的土地利用政策、房地产市场调控政策不断推陈出新，土地财政是否已经步入"后土地财政时代"，不同区域的土地财政依赖状况是否会发生进一步分化等新问题同样需要更多研究开展探讨，受课题研究年限，未能对近期的诸多热点话题开展深入研究，因此需要在未来的研究中给予持续关注。

第四，政策设计是重要方面，但政策设计是否会产生一个较好的效果则需要更进一步的模拟研究和实践应用，当前已有局部地区试水农村集体建设用地改革、房地产税改革等政策，但未来土地财政方面的研究除了要关注政策的演变，更应该关注政策实施对地方政府土地财政行为的影响路径和效果。

参 考 文 献

一、 中文部分

（一） 研究著作

程瑶：《土地财政与中国房地产税》，南京大学出版社 2013 年版。

费雪：《州和地方财政学》，中国人民大学出版社 2000 年版。

顾纯俊：《财政分权下地方政府"土地财政"规模估算及其成因分析》，复旦大学 2012 年版。

蒋省三、刘守英、李青：《中国土地政策改革：政策演进与地方实施》，上海三联书店 2010 年版。

李新运：《城市空间数据挖掘方法与应用研究》，山东科技大学 2004 年版。

骆祖春：《中国土地财政问题研究》，经济科学出版社 2012 年版。

唐森：《土地价格及其影响因素的理论与实证研究》，中国大地出版社 2006 年版。

唐在富：《中国土地制度创新与土地财税体制重构》，经济科学出版社 2008 年版。

邬丽萍：《城市土地价格机制研究》，经济科学出版社 2007 年版。

张健：《中国地区经济发展差距变动趋势的探索》，上海社会科学院出版社 2013 年版。

张平：《外商直接投资对中国区域经济的影响研究》，经济日报出版社 2014 年版。

张文彤：《SPSS 统计分析高级教程》，高等教育出版社 2004 年版。

（二）学术论文

蔡潇、刘卫东、叶晓龙：《区域土地财政与经济发展关系研究》，《国土资源情报》2016 年第 7 期。

蔡潇等：《基于聚类分析法的山东省城镇化进程中土地财政分区》，《水土保持通报》2015 年第 3 期。

曹瑞芬、张安录：《耕地保护补偿标准及跨区域财政转移机制——基于地方政府经济福利视角的研究》，《中国人口资源与环境》2015 年第 10 期。

陈多长、沈莉莉：《工业化、城市化对地方政府土地财政依赖的影响机制》，《经营与管理》2012 年第 11 期。

陈佳贵、黄群慧、钟宏武：《中国地区工业化进程的综合评价和特征分析》，《经济研究》2006 年第 6 期。

陈抗、Hillman A. L.、顾清扬：《财政集权与地方政府行为变化——从援助之手到攫取之手》，《经济学（季刊）》2002 年第 1 期。

陈小瑜、余明：《基于空间聚类分析的福建省各县市经济发展水平研究》，《热带地理》2007 年第 4 期。

陈志勇、陈莉莉：《"土地财政"：缘由与出路》，《财政研究》2010 年第 1 期。

樊继达：《治理土地财政：一个公共经济分析框架》，《国家行政学院学报》2011 年第 4 期。

范剑勇、莫家伟：《地方债务、土地市场与地区工业增长》，《经济研究》2014 年第 1 期。

方红生、张军：《财政集权的激励效应再评估：攫取之手还是援助之手?》，《管理世界》2014 年第 2 期。

方修琦、何英茹、章文波：《1978—1994 年分省农业旱灾灾情的经验正交函数EOF 分析》，《自然灾害学报》1997 年第 1 期。

高然、龚六堂：《土地财政、房地产需求冲击与经济波动》，《金融研究》2017 年第 4 期。

龚斌、甘小莉、刘伟玲等：《基于 EOF 分析的三江源区植被覆盖变化时空分布特征》，《地学前缘》2013 年第 3 期。

顾乃华、王小霞、陈雄辉等：《我国土地财政的区域差异与成因——基于省际面板数据的实证研究》，《产经评论》2011 年第 2 期。

郭然、陈思佳：《农村建设用地入市影响土地财政区域效应》，《中国管理信息化》2017 年第 4 期。

韩本毅：《城市化与地方政府土地财政关系分析》，《城市发展研究》2010 年第 5 期。

黄小虎：《当前土地问题的深层次原因》，《中国税务》2007 年第 2 期。

黄赜琳、陈硕、傅冬绵：《中国土地财政的影响因素与区域差异特征——基于省际面板数据的实证研究》，《经济管理》2013 年第 6 期。

贾康、刘微：《"土地财政"：分析及出路——在深化财税改革中构建合理、规范、可持续的地方"土地生财"机制》，《财政研究》2012 年第 1 期。

蒋国富、刘嘉俊：《自然正交函数在区域经济时空演变中的实证分析——以河南省县域经济为例》，《经济地理》2009 年第 7 期。

蒋震、邢军：《地方政府"土地财政"是如何产生的》，《宏观经济研究》2011 年第 1 期。

李名峰：《土地要素对中国经济增长贡献研究》，《中国地质大学学报》（社会科学版）2010 年第 1 期。

李明月、胡竹枝：《土地要素对经济增长贡献的实证分析——以上海市为例》，《软科学》2005 年第 6 期。

李瑞民、潘小凡：《EOF 方法分析浙江降水量的分布特征》，《科技通报》1998 年第 6 期。

李尚蒲、罗必良：《我国土地财政规模估算》，《中央财经大学学报》2010 年第 5 期。

李郇、洪国志、黄亮雄：《中国土地财政增长之谜——分税制改革、土地财政增长的策略性》，《经济学（季刊）》2013 年第 4 期。

李郇、洪国志：《土地财政与城市经济发展问题》，《中国土地科学》2013 年第

7 期。

李洋宇：《土地财政的风险分析及改革建议》，《安徽农业科学》2013 年第 21 期。

李勇刚、高波、许春招：《晋升激励、土地财政与经济增长的区域差异——基于面板数据联立方程的估计》，《产业经济研究》2013 年第 1 期。

郦水清、王媛、田传浩：《土地财政对经济增长贡献的地区差异分析》，《科学经济社会》2014 年第 3 期。

刘华军、鲍振、杨骞：《中国农业碳排放的地区差距及其分布动态演进——基于 Dagum 基尼系数分解与非参数估计方法的实证研究》，《农业技术经济》2013 年第 3 期。

刘佳、吴建南、马亮：《地方政府官员晋升与土地财政——基于中国地市级面板数据的实证分析》，《公共管理学报》2012 年第 2 期。

龙奋杰、王萧、邹迪：《基于标尺竞争的地方政府土地出让行为互动》，《清华大学学报》（自然科学版）2015 年第 9 期。

龙开胜、秦洁、陈利根：《开发区闲置土地成因及其治理路径——以北方 A 市高新技术产业开发区为例》，《中国人口资源与环境》2014 年第 1 期。

卢洪友、袁光平、陈思霞等：《土地财政根源："竞争冲动"还是"无奈之举"？——来自中国地市的经验证据》，《经济社会体制比较》2011 年第 1 期。

卢为民：《土地财政问题的根源及治理措施》，《土地科学动态》2013 年第 5 期。

罗必良：《分税制、财政压力与政府"土地财政"偏好》，《学术研究》2010 年第 10 期。

骆祖春、高波、赵奉军：《土地财政的标尺竞争机制与空间效应分析》，《学海》2011 年第 6 期。

马爱慧、蔡银莺、张安录：《基于土地优化配置模型的耕地生态补偿框架》，《中国人口·资源与环境》2010 年第 10 期。

南庆红、杨舵、杨青：《应用 EOF 方法分析新疆降水变化特征》，《中国沙漠》2003 年第 5 期。

牛星、吴冠岑：《我国土地财政规模的区域差异比较分析——基于 1999—2009 省级层面的数据》，《管理现代化》2012 年第 5 期。

牛星：《我国土地财政的问题剖析及代偿路径》，《土地科学动态》2013 年第 5 期。

彭山桂、程道平、张勇：《地方政府土地出让策略互动行为的检验及其影响分析》，《中国人口·资源与环境》2017 年第 7 期。

丘海雄、付光伟、张宇翔：《土地财政的差异性研究——兼论土地财政对产业转型升级的启示》，《学术研究》2012 年第 4 期。

施建刚、徐奇升：《中国地方政府土地出让结构策略互动的实证分析》，《统计与决策》2017 年第 15 期。

孙秀林、周飞舟：《土地财政与分税制：一个实证解释》，《中国社会科学》2013 年第 4 期。

汤旖璆：《土地财政空间集群差异对地方财政收支差距职能影响研究——基于区域聚类、主成分分析以及 GMM 分析方法》，《经济经纬》2017 年第 1 期。

唐鹏、周来友、石晓平：《地方政府对土地财政依赖的影响因素研究——基于中国 1998—2010 年的省际面板数据分析》，《资源科学》2014 年第 7 期。

唐在富：《中国土地财政基本理论研究——土地财政的起源、本质、风险与未来》，《经济经纬》2012 年第 2 期。

陶然、袁飞、曹广忠：《区域竞争、土地出让与地方财政效应：基于 1999—2003 年中国地级城市面板数据的分析》，《世界经济》2007 年第 10 期。

汪冲：《寡头型一级土地供应、策略互动影响与财政调整——基于 282 个城市面板数据的动态空间计量》，《财经论丛（浙江财经大学学报）》2011 年第 5 期。

汪利娜：《房地产税的关联因素与良性方案找寻》，《改革》2015 年第 4 期。

王芳芳、董骁：《地方政府的"土地财政"及其弊端》，《城市问题》2010 年第 2 期。

王贺嘉、宗庆庆、陶佶：《竞次到底：地市级政府工业用地出让策略研究》，《南方经济》2013 年第 9 期。

王华春、刘清杰：《土地财政策略互动的经济增长效应检验》，《统计与决策》2016 年第 7 期。

王建军、许学强：《城市职能演变的回顾与展望》，《人文地理》2004 年第 3 期。

王克强、胡海生、刘红梅：《中国地方土地财政收入增长影响因素实证研究——基于 1995—2008 年中国省际面板数据的分析》，《财经研究》2012 年第 4 期。

王乔、王丽娟：《全国 70 个大中城市土地出让收入与价格的实证分析——基于土地财政的空间互动效应研究》，《财贸经济》2014 年第 8 期。

王小斌、邵燕斐：《地方政府土地违法行为的影响因素与区域差异研究》，《统计与决策》2014 年第 13 期。

王玉波、唐莹：《中国土地财政地域差异与转型研究》，《中国人口·资源与环境》2013 年第 10 期。

王玉波、恽晓方：《国有土地出让方式地域差异研究——基于治理土地财政视角》，《东北大学学报》（社会科学版）2015 年第 2 期。

王玉波：《农村建设用地入市影响土地财政区域效应》，《经济地理》2016 年第 5 期。

王玉波：《土地财政区域差异与替代融资机制研究》，《经济地理》2015 年第 10 期。

王岳龙、邹秀清：《土地出让：以地生财还是招商引资——基于居住—工业用地价格剪刀差的视角》，《经济评论》2016 年第 5 期。

王文剑、覃成林：《地方政府行为与财政分权增长效应的地区性差异——基于经验分析的判断、假说及检验》，《管理世界》2008 年第 1 期。

吴非：《中国土地财政依赖的区域差异之谜》，《云南财经大学学报》2016 年第 6 期。

吴群、李永乐：《财政分权、地方政府竞争与土地财政》，《财贸经济》2010 年第 7 期。

谢安忆：《中国"土地财政"与经济增长的实证研究》，《经济论坛》2011 年第 7 期。

辛波、吴红：《基于 VAR 模型的土地财政与地方经济增长相关性分析》，《统计与决策》2012 年第 22 期。

徐兴奎、陈红：《中国西部地区地表植被覆盖和积雪覆盖变化对沙尘天气的影响》，《科学通报》2006 年第 6 期。

许勇、陈洪全：《基于 EOF 分析的江苏省房地产业与经济发展协调性分析》，《资源开发与市场》2015 年第 6 期。

薛翠翠、冯广京、张冰松：《城镇化建设资金规模及土地财政改革——新型城镇化背景下土地财政代偿机制研究评述》，《中国土地科学》2013 年第 11 期。

荀文会、王玉波：《省级土地财政区域差异与管控政策研究——以辽宁省 14 个地市为例》，《资源开发与市场》2016 年第 11 期。

杨东阳、赵永、王小敏等：《中原经济区县域经济差异时空演变研究》，《地域研究与开发》2015 年第 5 期。

杨其静、卓品、杨继东：《工业用地出让与引资质量底线竞争——基于 2007—2011 年中国地级市面板数据的经验研究》，《管理世界》2014 年第 11 期。

杨圆圆：《"土地财政"规模估算及影响因素研究》，《财贸经济》2010 年第 10 期。

袁华宝：《深化有偿使用制度改革 减少土地财政依赖》，《土地科学动态》2013 年第 5 期。

张艾莲、杜梦娟、刘柏：《中国分地区消费信贷行为差异化影响的供给侧启示——基于 29 个省级单位面板数据的 PVAR 模型实证分析》，《金融经济学研究》2016 年第 11 期。

张铭、安洁等：《一次暴雨过程的 EOF 分析》，《大气科学》2007 年第 2 期。

张耀宇、陈会广、宋璐怡等：《基于城市规模的地方政府土地财政行为差异研究》，《自然资源学报》2015 年第 10 期。

赵可、徐唐奇、李平等：《不同经济发展阶段下城市用地扩张与土地财政收入关系研究——基于 264 个城市的实证》，《华中农业大学学报》（社会科学版）2015 年第 4 期。

赵燕菁：《土地财政：历史、逻辑与抉择》，《城市发展研究》2014 年第 1 期。

中国经济增长前沿课题组：《城市化、财政扩张与经济增长》，《经济研究》2011 年第 11 期。

中国土地政策改革课题组：《中国土地政策改革：一个整体性行动框架》，《改革》2006 年第 2 期。

周飞舟：《分税制十年：制度及其影响》，《中国社会科学》2006 年第 6 期。

周一星、孙则昕：《再论中国城市的职能分类》，《地理研究》1997 年第 1 期。

朱凤凯、张凤荣、李灿等：《1993—2008 年中国土地与人口城市化协调度及区域差异》，《地理科学进展》2014 年第 5 期。

踪家峰、李蕾、郑敏闽：《中国地方政府间标尺竞争——基于空间计量经济学的分析》，《经济评论》2009 年第 4 期。

邹薇、刘红艺：《土地财政"饮鸩止渴"了吗——基于中国地级市的时空动态空间面板分析》，《经济学家》2015 年第 9 期。

邹秀清：《"租税互替"与地方政府的土地财政行为研究综述》，《现代经济探讨》2014 年第 7 期。

邹秀清：《中国土地财政区域差异的测度及成因分析》，《经济地理》2016 年第 1 期。

邹秀清：《中国土地财政与经济增长的关系研究——土地财政库兹涅兹曲线假说的提出与面板数据检验》，《中国土地科学》2013 年第 5 期。

邹秀清、田娜：《中国土地财政的区域差异与演进过程——基于 287 个地级市的面板数据》，《资源科学》2015 年第 11 期。

左翔、殷醒民：《土地一级市场垄断与地方公共品供给》，《经济学（季刊）》2013 年第 2 期。

二、 外文部分

Anselin，L.，*Local indicators of spatial association−LISA*. Geographical analysis，1995，（27）：93−115.

Anselin，L.，*Spatial econometrics*. A companion to theoretical econometrics. 2001：310−330.

B. Geng et al.，*Sustainable land financing in a new urbanization context：theoretical connotations，empirical tests and policy recommendations*. Resources，Conservation and Recycling，2018，128（1）：336−344.

Bengston D. N.，Fletcher J. O，Nelson K. C.，*Public Policies for Managing Urban*

Growth and Protecting Open Space: Policy Instruments and Lessons Learned in the United States. Landscape and Urban Planning, 2004, 69 (2) : 271-286.

Brady, R. R. , *Measuring the diffusion of housing prices across space and over time*. Journal of Applied Econometrics, 2011, (26) : 213-231.

Brueckner J. K. , *A modern analysis of the effects of site value taxation*. Nat. Tax . 1986: 39-58.

Brueckner, J. K. , *Strategic interaction among governments: An overview of empirical studies*. International regional science review, 2003 (26) : 175-188.

Cancian. M. , Reed D. , *Assessing the Effects of Wives Earning on Family Income Inequality*. Review of Economics and Statistics, 1998, 80: 73-79.

Costa M. , Gini index decomposition for the case of two subgroups. Communication in Statistics-Simulation and Computation, 2008, 37 (2) : 631-644.

Coulson N. E. , LI H. , *The Effect of Risk on the Effect of a Land Tax: A Simulation*. Regional Science and Urban Economics, 2010, 40 (6) : 530-537.

Dagum C. , *A new approach to the decomposition of the Gini income inequality ratio*. Empirical Economics, 1997, 22 (4) : 515-531.

Debarsy, N. , Ertur, C. , Le Sage, J. P. , *Interpreting dynamic space-time panel data models*. Statistical Methodology, 2012, (9) : 158-171.

Elhorst, J. P. , *Dynamic spatial panels: models, methods, and inferences*. Journal of geographical systems, 2012 (14) : 5-28.

Fangzhi Ye, Wen Wang, *Determinants of Land Finance in China: A Study Based on Provincial-level Pane Data*. Australian Journal of Public Administration, 2007, 3 (72) : 293-303.

Fox Z. Y. Hu et al. , *Land-based finance, fiscal autonomy and land supply for affordable housing in urban China: A prefecture-level analysis*. Land Use Policy, 2017, 69 (12) : 454-460.

H. Zheng et al. , *The land finance model jeopardizes China's sustainable development*. Habitat International, 2014, 6 (44) : 130-136.

Kueh, Y. Y. , *Foreign investment and economic change in China*. The China Quarterly, 1992（131）: 637-690.

Le Sage, J. P. , Pace, R. K. , *Spatial econometric models*. Handbook of Applied Spatial Analysis, 2010: 355-376.

Mathur S. , *Land value capture to fund public transportation infrastructure: Examination of joint development projects revenue yield and stability*. Transport Policy, 2013, 30: 327-335.

M. Brown-Luthango, *Capturing land value increment to finance infrastructure investment-Possibilities for South Africa*. Urban Forum, 2011, 22（16）: 37-52.

Mitchell, A. , *The ESRI guide to GIS analysis*, Volume 2: spatial measurements and statistics. Esri Press, 2005.

Moran P. A. P. , *The Interpretation of Statistical Maps*. Journal of the Royal Statistical Society, 1948, 10（2）: 243-251.

Mussard S. , Pi A. , Seyte F. et al. , *Extensions of Dagum's Gini decomposition*. Cahiers De Recherche, 2005.

Oaxaca, R. , *Male and Female Wage Differentials in Urban Labor Market*. International Economic Review, 1973, 14（03）: 693-709.

Ogwang T. , *A convenient method of decomposing the Gini index by population subgroups*. Journal of Official Statistics, 2014, 30（1）: 91-105.

Ran J. , Voon J. P. , Li G. , *How does FDI affect China? Evidence from industries and provinces*. Journal of Comparative Economics, 2007, 35（4）: 774-799.

Revelli, F. , *Spatial interactions among governments*. Handbook of fiscal federalism, 2006: 106-130.

Richard M. *Bird*, Enid *Slack*. *Land and Property Taxation: A Review*. The World Bank, 2002.

Shorrock, A. , *Decomposition Procedures for Distributional Analysis: A Unified Framework based on the Shapley Value*. Journal of Economic Inequality, 1999（06）: 1-28.

Sims C. A. , *Comparison of Interwar and Postwar Business Cycles: Monetarism Reconsid-

ered. American Economic Review, 1980, 70 (2): 250-257.

Tao, R., Su, F., Liu, M., Cao, G., *Land leasing and local public finance in China's regional development: evidence from prefecture-level cities*. Urban Studies, 2010, 47 (10): 2217-2236.

Tiebout Charles M., *A Pure theory of local expenditures*. Journal of Political Economy, 1956, 64 (05), 416-424.

Wan, G., *Accounting for Income Inequality in Rural China: A Regression Based Approach*. Journal of Comparative Economics, 2004, 32 (02): 348-363.

Wu. Q., Yongle, L., Siqi, Y., *The incentives of China's urban land finance*. Land Use Policy, 2015 (42): 432-442.

Yang, Z., Ren, R., Liu, H., Zhang, H., *Land leasing and local government behaviour in China: Evidence from Beijing*. Urban Studies, 2015, 52 (5): 841-856.

Ye L., *Urbanization, land development, and land financing: Evidence from Chinese cities*. Journal of Urban Affairs, 2014, 36 (1): 354-368.

Yu, J., de Jong, R., Lee, L. F., *Quasi-maximum likelihood estimators for spatial dynamic panel data with fixed effects when both n and T are large*. Journal of Econometrics, 2008, 146 (1): 118-134.